AF313364

CATALOGUE

D'UN

CHOIX DE BEAUX LIVRES

ANCIENS ET MODERNES

OUVRAGES SUR LES BEAUX-ARTS ET PRINCIPALEMENT SUR L'ARCHITECTURE

POËTES DU XVIᵉ SIÈCLE

PIÈCES RARES SUR L'HISTOIRE DE FRANCE — HISTOIRE DE PARIS

RICHES RELIURES AVEC ARMOIRIES, ETC.

DONT LA VENTE AURA LIEU

Le lundi 7 février 1876 et jours suivants

à 2 heures précises

Hôtel des Commissaires-Priseurs, rue Drouot

Salle n° **3**, au premier

Par le ministère de Mᵉ MAURICE DELESTRE, commissaire-priseur

Rue Drouot, 3

Successeur de Mᵉ DELBERGUE-CORMONT.

Exposition le Dimanche 6 février 1876, de 2 à 5 heures.

PARIS

ADOLPHE LABITTE

LIBRAIRE DE LA BIBLIOTHÈQUE NATIONALE

4, rue de Lille, 4

1876

CONDITIONS DE LA VENTE.

La vente est faite au comptant.

Il y aura chaque jour de vente, à UNE HEURE, exposition des livres composant la vacation du jour.

Les acquéreurs payeront 5 centimes par franc en sus des enchères, applicables aux frais.

Les livres vendus devront être collationnés sur place dans les vingt-quatre heures de l'adjudication. Passé ce délai, ou une fois sortis de la salle de vente, ils ne seront repris pour aucune cause.

M. Adolphe LABITTE se chargera de remplir les commissions des personnes qui ne pourraient assister à la vente.

Paris. — Typographie Georges Chamerot, rue des Saints-Pères, 19.

CATALOGUE

D'UN

BEAU CHOIX DE LIVRES

ANCIENS ET MODERNES

OUVRAGES SUR LES BEAUX-ARTS ET PRINCIPALEMENT SUR L'ARCHITECTURE
POÈTES DU XVI° SIÈCLE
PIÉCES RARES SUR L'HISTOIRE DE FRANCE. — HISTOIRE DE PARIS
RICHES RELIURES AVEC ARMOIRIES, ETC.

THÉOLOGIE.

1. Biblia. Interprete Sebastiano Castalione una cum eiusdem annotationibus. *Basileæ,* 1554, in-fol. réglé, texte à deux col. v. ant. fil. tr. dorée.

2. Biblia, ad vetustissima exemplaria castigata. *Antverpiæ, ex offic. Christ. Plantini,* 1565, 1 vol. in-16, mar. r. compart. à petits fers, tr. dorée.

> Charmante reliure de Le Gascon.

2 *bis.* Biblia sacra, cum quibusdam annotationibus Joannis Benedicti. *Parisiis, apud Jacobum Kerver,* 1573, in-8, fig. sur bois, demi-rel. basane.

> Exemplaire court de marges. Le Nouveau Testament est en tête de l'ouvrage.

3. Bibliorum Sacrorum vulgatæ versionis Editio. Ad institutionem serenissimi Delphini. *Parisiis, excudebat Fr.-Ambr. Didot, natu maj.,* 1785, 8 vol. in-8, mar. r. dos orné, dent. sur les plats et int. tr. dor.

> Bel exemplaire.

4. Le Livre de Job, paraphrasé par Mr Guillebert. *Paris, Rocolet, s. a.,* front. gravé, réglé, in-8, mar. vert, comp. tr. dor.

> Riche reliure ancienne, aux armes de Le Gouz de la Berchère, archevêque de Narbonne.

1

5. Les Proverbes de Salomon, trad. en françois. *Paris, Jean de Heu-
queville,* 1584, in-16, mar. vert foncé, ornem. dos orné, fil. tr. dor.
(*Anc. rel.*)

> Aux angles les chiffres H-B et M-A enlacés.

6. LE NOUVEAU TESTAMENT, en françois. *Paris, André Pralard,* 1705,
4 vol. pet. in-4, mar. rouge, fil. doublé de mar. r. tr. dor. (*du Seuil.*)

7. Postille Maiores totius anni in quibus subsequentia inscruntur.
(A la fin:) *Impresse anno nostre salutis* 1515, in-4, goth. fig. sur
bois, rel. en bois, recouverte de v. f. estampé, fermoirs, tr. verte.

8. Les Grandes Postilles et Expositions des epistres et evangilles, pour
toute l'année. (A la fin :) *Imprimé nouvellement à Paris, pour Gilles
Gourmont,* 1530 et 1531, 2 vol. in-fol. goth. fig. sur bois, bas.

9. Adnotationes et Meditationes in Evangelia, auctore Hieronymo
Natali. *Antverpiæ, Martinus Nutius,* 1595, in-fol. mar. brun, comp.
tr. dor. (*Anc. rel.*)

> Les nombreuses gravures de Wierix sont en bonnes épreuves.

10. Breviarivm romanvm ex decreto sacrosancti Concilii restitutum,
Pii V jussu editum, et Clementis VIII auctoritate recognitum. *Coloniæ
Agrippinæ, sumptibus Cornelii ab Egmond,* 1690, in-4 réglé, grav. v.
ant. rac. tr. dor.

> Édition imprimée en caractères rouges et noirs.

11. HEURES en français et latin à l'usage de Rome. *Lyon, Macé Bon-
home,* 1558, in-8, mar. brun, comp. tr. dor. (*Lortic.*)

> Bel exemplaire de ce livre dont chaque page est entourée d'encadrements de
> style renaissance.

12. HEURES NOUVELLES tirées de la Sainte Ecriture, écrites et gravées
par L. Senault. *A Paris, chez l'auteur, s. d.,* in-8, fig. mar. r. et
citr. dent. tr. dor. (*Anc. rel.*)

13. OFFICE de la Semaine sainte. *Paris, Soubron,* 1659, in-8, mar. r.
riches comp. à petits fers, tr. dor.

> Riche reliure aux chiffres et aux armes de Marie-Thérèse d'Autriche.
> Figures de Callot.

14. LIVRE DE LA CONFRÉRIE et Société de la Passion de Notre-Seigneur
Jésus-Christ, trad. de latin en françois par J. Sachet, chanoyne de
l'église Saint-Anathoile de Salins. (A la fin :) *Imprimé à Dijon, par
Jean Desplanches,* 1561, fig. sur bois, in-4, mar. bleu, comp. tr. dor.
(*Cazin, dorure de Vamflug.*)

> Livre très-rare intéressant la Bourgogne.

15. Le Tableau de la Croix. *A Paris, chez Mazot,* 1651, in-12, mar.
orange, compart. à petits fers, tr. dor. (*Anc. rel.*)

> Bel exemplaire de ce livre gravé, orné de nombreuses figures.

16. Cy cŏmence le Livre intitulé le Fagot de Myerre, presché en l'église de Sainte-Croix en la cité d'Angiers. 1525, in-12, goth. v. estampé. (*Anc. rel.*)

17. Humanæ Salutis Monumenta Ariæ Montani studio constructa. *Antwerpiæ, ex offic. Christ. Plantini*, 1572, in-8, vélin.

> Nombreuses figures sur acier de Wierix, Beham, etc.

18. Paradisus animæ christianæ, studio et opera Jacobi Merlo Horstii. *Coloniæ Agrippinæ, sumptibus Janssonii Waesbergii*, 1732, in-8, grav. v. ant. marbr. dos orné, fil. tr. dor.

> A la fin, se trouve le *Manuale pietatis*.

19. Rohrbacher. Histoire universelle de l'Église catholique. *Paris, Gaume*, 1872, 17 vol. gr. in-8 br. et atlas in-fol.

> Exemplaire sur grand papier vélin.

20. Apologie pour mesdamoiselles de Beaulieu-Dampierre, sur leur conversion à la foy catholique, adressée (par L. M. N.) à madame leur mère. *Paris, T. du Bray*, 1618, in-8, cart.

> Bel exemplaire d'une pièce introuvable.

21. La Conversion du sieur de Parabère, faicte à Rome le 1er janvier 1617, adressée à M. de Parabère, gouverneur de Niort, son père. *Paris, E. Martin*, 1617, in-8, cart.

> Pièce intéressante, non citée.

22. La Vérité des miracles opérés à l'intercession de M. de Paris et autres appellans, démontrée contre M. l'archevêque de Sens (par Carré de Mongeron). *S. l.*, 1737 pour le tome I, et *Cologne*, nouvelle édition, 1747 pour les tomes II et III, 3 vol. in-4, grav. v. ant. granit.

> Ouvrage rare, et curieux par les nombreuses gravures qui le décorent.

23. Histoire de la papesse Jeanne, par M. de Spanheim. *La Haye*, 1736, 2 vol. in-12, mar. vert, dent. tr. dor.

> Fraîche reliure ancienne.

24. Histoire de la Mappemonde papistique, composée par Frangidelphe Escorche-messes (Pierre Viret). *Imprimé en la ville de Luce nouvelle (Genève), par Brifaud chasse-diables*, 1566, in-8, mar. vert, fil. tr. dor. (Derome.)

> Très-bel exemplaire de Pixerécourt. Livre rare.

25. La Mappe romaine, contenant cinq traités, le tout extrait de l'anglois de T. T. *A Genéve, par J. de la Cerise*, 1623, in-12, front. mar. r. fil. tr. dor.

> Livre rare. Jolie reliure.

---

26. Introduction à l'Écriture sainte, où l'on traite tout ce qui concerne les Juifs, par le père Lamy. *Lyon, J. Certe*, 1699, in-4, fig. mar. r. fil. tr. dor. (*Anc. rel.*)

27. Examen succinct de la divinité de la mission de Moyse, par M. Warburton. *Londres, s. d.*, manuscrit in-4 de 286 p. v. f. ant. dos orné, fil. dent. int. tr. dor.

28. Discours de la religion des anciens Romains, escript par noble seigneur Guillaume du Choul. *A Lyon, de l'imprimerie de Guillaume Rouille*, 1556, in-fol. fig. v. ant. fil. papier réglé.

29. Histoire de la destruction du paganisme en Occident, par A. Beugnot. *Paris, Firmin Didot frères*, 1835, 2 vol. in-8, demi-rel. v.

> Envoi de l'auteur.

JURISPRUDENCE.

---

30. Joannis Seldeni de successionibus ad leges Ebræorum. *Lugd. Batav., ex offic. Elzeviriana*, 1638, pet. in-12, mar. r. comp. tr. dor. (*Anc. rel.*)

> Aux armes du chevalier Kenelm Digby.

31. Karoli Magni et Ludovici Pii Capitula, sive leges ecclesiasticæ et civiles ab Ansegiso abbate collectæ. *Parisiis, ap. Cl. Chappelet*, 1588, in-8, mar. r. fil. tr. dor. (*Anc. rel.*)

> Aux secondes armes de J.-Aug. de Thou.

32. ORDONNANCES DES ROIS DE FRANCE de la troisième race, recueillies par ordre chronologique par MM. de Laurière, Secousse, etc. *Paris*, 1723-1840, 15 vol. in-fol. — Tom. I à XI, mar. r. fil. tr. dor. (*Magnifique rel. de Padeloup, signée.*) — T. XII à XIV, mar. v. (*Aux armes de Louis XV*). — Tome XX, br.; le bas des cinq premiers feuillets du t. XII sont légèrement rognés.

33. PRACTIQVE JUDICIAIRE es cavses criminelles, tres vtile et necessaire à tous baillifs, prevostz, seneschaux, escovtelles, etc..... autheur messire Josse de Damhoudere..... *En Anvers, chez Jehan Bellere, soubz l'aigle d'or*, 1564, in-4, fig. sur bois, mar. r. ornem. sur les plats, dent. int. tr. dor. sur marbrure. (*Lortic.*)

> Très-bel exemplaire, grand de marges.

34. Loi Salique, ou Recueil contenant les anciennes rédactions de cette loi et le texte connu sous le nom de *Lex Emendata* avec des notes et

des dissertations par J.-M. Pardessus. *Paris, à l'Imprimerie royale,*
1843, in-4, demi-rel. mar. bleu foncé, tr. jasp.

35. Théorie des lois politiques de la monarchie française, par Mlle de
Lezardière, nouvelle édition, augmentée et publiée par le vicomte de
Lezardière. *A Paris, au comptoir des imprimeurs unis,* 1844, 4 vol.
in-8, demi-rel. mar. bleu jans. à nerfs, tête dor. ébarbé.

36. Recueil des nouvelles ordonnances et réglements de Louis XV sur
les affaires qui sont de nature à être portées au conseil. *Paris, Prault,*
1738, pet. in-12, mar. r. tr. dor. (*Rel. anc.*)

37. De l'Vsage des fiefs et avtres droits seignevriavx, par messire
Denis de Salvaing ; seconde édition, augmentée. *A Grenoble, chez
Robert Philippes,* 1668, in-fol. v. ant.

38. CODE MILITAIRE, ou Compilation des ordonnances des rois de France
concernant les gens de guerre, par le sieur de Briquet. *A Paris,
chez Jean-Baptiste Coignard fils,* 1734, 4 vol. in-12, mar. r. dos orné,
fil. tr. dor. sur marbr. (*Anc. rel.*)

39. Mémoires de M. Caron de Beaumarchais. *Paris, Ruault,* 1774,
in-4, v. f.

  Exemplaire en grand papier.

40. Causes célèbres de tous les peuples, par A. Fouquier. *Paris, Lebrun
et Cie,* 1858 à 1862, 6 vol. in-4, ill. demi-rel. chagr. r.

SCIENCES.

41. LES ETHIQUES d'Aristote, Stagirite, à son fils Nicomache. *Paris,
Vascosan,* 1553. — Aristotelis ad Nicomachum filium de moribus,
quæ Ethica nominantur, libri decem. *Parisiis, ex typogr. Dionysii a
Prato,* 1579, in-4, vél. tr. dor.

  Exemplaire de Henri III, aux armes de France et de Pologne et avec son mo-
nogramme couronné aux angles du volume.

42. Les Apophthegmes, c'est-à-dire prompts, subtils et sententieulx dicts
des roys, philosophes et autres grands personnages, translat. de
latin en françois par Lesleu Macault, notaire. *Paris, au Soleil d'or,*
1539, in-12, mar. vert, fil. tr. dor. (*Anc. rel.*)

43. Essais de Michel de Montaigne ; nouvelle édition, avec les notes
de tous les commentateurs, choisies et complétées par M. J.-V.
Le Clerc, précédée d'une nouvelle étude sur Montaigne, par M. Pré-

vost-Paradol. *Paris, Garnier frères*, 1865 à 1866, 4 vol. in-8, portr. de Staal, dos et coins de mar. la Vall., tête dor. ébarbé. (*David.*)

44. La Théologie naturelle de Raymond Sebon, trad. nouvellement en françois par messire Michel, seigneur de Montaigne. *Paris, Guillaume Chaudière*, 1581, in-12, v. fauve, fil. (*Anc. rel.*)

45. Œuvres philosophiques de Descartes, publiées d'après les textes originaux, avec notices et éclaircissements par Adolphe Garnier. *Paris, librairie de L. Hachette*, 1835, 4 vol. in-8, demi-rel. v. f.

46. LES CARACTÈRES DE THÉOPHRASTE, trad. du grec, avec les Caractères ou les mœurs de ce siècle. *Paris, Est. Michallet*, 1688, in-12, 30 ff. non chiffrés, puis, de 53 à 360 pp. 1 f. pour le privilége, daté du 8 oct. 1687, et 1 f. d'errata, v. ant. fil. à fr. tr. dor. (*Simier.*)

  Bel exemplaire de la première et rare édition originale des *Caractères de la Bruyère*. Annotations mss. de M. le baron Walckenaër. L'exemplaire de la vente Benzon s'est vendu, avec les frais, 748 francs.

47. Les Caractères de Théophraste, avec les Caractères ou les mœurs de ce siècle (par la Bruyère). *Paris, Estienne Michallet*, 1688, in-12, mar. vert, jans. tr. dor. (*Thibaron.*)

  Deuxième édition. Rare.

48. Maximes et Réflexions morales du duc de la Rochefoucauld. *A Parme, de l'imprimerie Bodoni*, 1811, in-fol. cart. non rog.

49. De l'Excellence du Gouvernement royal, par Loys le Roy, dict Regius. *Paris, Frédéric Morel*, 1575, in-4, v. f.

50. De la Puissance légitime du prince sur le peuple et du peuple sur le prince, escrit en latin par Estienne Junius Brutus, et nouvel. trad. en françois. 1581, pet. in-8, mar. r. fil. tr. dor.

51. EXCELLENT ET TRES UTIL (*sic*) Opuscule de plusieurs exquises receptes, en deux parties. La première nous monstre la façon de faire divers fardemens et senteurs pour illustrer la face. La seconde, pour faire confiturer tant en miel que sucre et vin cuict, composé par M° Michel Nostradamus, docteur en médicine (*sic*), de Salon de Craux, en Provence. *Lyon, B. Rigaud*, 1572, in-16, mar. v. fil. comp. dos orné.

  Petite relique du XVI° siècle portant les *marguerites covronnées*, armes parlantes de la reine Marguerite de Valois, femme de Henri IV.

52. RÈGLEMENT donné par une dame de haute qualité à M*** sa petite-fille pour sa conduite et celle de sa maison. *Paris, A. Leguerrier*, 1698, in-12, mar. v. fil. tr. dor. (*Rel. de Du Seuil.*)

  Très-bel exemplaire de Girardot de Préfond. L'auteur de ce curieux et rarissime volume est Jeanne de Schomberg, duchesse de Liancourt, janséniste éclairée, célèbre par son esprit et sa vertu, créatrice du magnifique château de Liancourt, et celle à qui elle s'adresse est Mlle de la Roche-Guyon, sa petite-fille, mariée, en 1659, au duc de Marsillac, plus tard duc de la Rochefoucauld.

53. LA MAISON RÉGLÉE et l'art de diriger la maison d'un grand seigneur et autres, tant à la ville qu'à la campagne, et le devoir de tous les officiers et autres domestiques en général, etc..... (par Audiger), troisième édition. *A Amsterdam, chez Paul Marret, 1700*, in-8, front. et pl. mar. r. dos orné, fil. dent. int. tr. dor. (*Trautz-Bauzonnet.*)

Superbe exemplaire, grand de marges, nombreux témoins.

54. Traité de la pratique des billets entre les négocians par..... docteur en théologie. *A Louvain, chez Louis du Prat (à la Sphère), 1682*, in-12, mar. v. jans. à nerfs, dent. int. tr. dor. (*Thivet.*)

---

55. Histoire naturelle des Indes tant orientalles qu'occidentalles, composée en castillan par Joseph Acosta, et trad. en françois par Robert Regnault, Cauxois. *Paris, Orry, 1606*, pet. in-8, mar. vert, dent. tr. dorée.

Aux armes du duc de la Vieuville.

56. Dissertation sur la génération et les transformations des insectes de Surinam, par Marie-Sibille Merian. *A la Haye, chez Pierre Gosse, 1726.* — Histoire des insectes de l'Europe, dessinée d'après nature et expliquée par Marie-Sibille Merian, traduite du hollandois en françois par Jean Marret. *A Amsterdam, chez Jean-Frédéric Bernard, 1730.* Ensemble 2 vol. in-fol. avec pl. col. bas.

57. Vénus physique (par Maupertuis). *S. l., 1777*, in-12, dos et coins de mar. vert, tête dor. non rog. (*Gruel.*)

58. Manuel de l'Amateur d'huîtres, contenant l'histoire naturelle de l'huître, etc., par Alex. Martin. *Paris, Audot, 1828*, in-12, sig. col. de H. Monnier, dos et coins de mar. vert, tête dor. non rogné. (*Gruel.*)

59. EXPLICATION DE LA CARTE GÉOLOGIQUE de la France, rédigée sous la direction de M. Brochant de Villiers, inspecteur général des mines, par MM. Dufrénoy et Élie de Beaumont. *Paris, Imprimerie royale,* 1841, 2 vol. in-4, plus la carte en 6 feuilles dans un étui in-4; ens. 3 vol. in-4, demi-rel..v. f.

60. Histoire des plantes qui naissent aux environs de Paris, par M. Pitton-Tournefort. *Paris, Impr. royale,* 1698, in-12, mar. r. fil. tr. dor. (*Anc. rel.*)

Exemplaire de Firmin Didot.

61. L'AGRICVLTVRE ET MAISON RVSTIQVE de M. Charles Estienne et Jean Liebavlt; édition dernière. Plus vn brief recueil des chasses du cerf, du sanglier, du lieure, etc. *A Paris, chez Jacqves dv Pvys, 1583.* — (A la suite :) La Chasse dv lovp, nécessaire à la Maison rvstique, par

Jean de Clamorgan. *A Lyon, povr Jaqves dv Pvys*, 1583, 2 part. en
1 vol. in-4, gravures, mar. r. fil. et ornements sur les plats, dent.
int. tr. dor. (*Allô.*)

Exemplaire lavé et encollé.

BEAUX-ARTS.

---

62. MONUMENTS DES ARTS DU DESSIN chez les peuples tant anciens que
modernes, recueillis par M. le baron Vivant Denon, décrits et expli-
qués par Amaury Duval. *A Paris, chez M. Brunet Denon, imprimerie
F. Didot*, 1829, 4 vol. in-fol. 310 pl. dos et coins de chagr. r. fil.

63. CHEFS-D'ŒUVRE DE L'ART ANTIQUE, architecture, peinture, statues,
etc. *Paris, A. Lévy*, 1867, 7 vol. in-4, avec pl. dos et coins de mar.
r. tête dor. ébarbé.

Première série : Monuments de la vie des anciens, par M. Robiou. — Deuxième
série, Monuments de la peinture et de la sculpture, par F. Lenormant, 4 volumes.

64. Choix de peintures de Pompéi, lithographiées en couleur par
M. Roux, et publiées avec l'explication archéologique de chaque
peinture, par M. Raoul-Rochette. *Paris, Adolphe Labitte*, 1867, in-fol.
28 pl. en couleur, demi-rel. mar. r. tête dor. ébarbé.

65. Peintres primitifs, collection de tableaux rapportée d'Italie et
publiée par M. le chevalier Artaud de Montor. *Paris, Challamel*,
1843, pet. in-fol. 60 pl. et fig. cart.

66. Allégories sacrées : vierges, saints et martyrs de Pierre-Paul Ru-
bens, gravés au burin par les anciens maîtres flamands et reproduits
par la photographie, avec un texte explicatif par Édouard Fétis.
Bruxelles, Charles Muquardt, 1860, in-fol. 40 grav. photographiées,
demi-rel. v. noir, dos orné, fil. tête dor. ébarbé.

67. LES PEINTURES DE CHARLES LE BRUN ET D'EUSTACHE LE SUEUR,
qui sont dans l'hôtel du Chastelet, ci-devant la maison du président
Lambert. *A Amsterdam, chez Pierre Iver*, 1740, in-plano, gravures et
plans de Bernard Picart, demi-rel. mar. r.

68. Le Peintre graveur français, par Passavant. *Leipsic*, 1860, 6 vol.
in-8, br.

69. LIVRE DE POURTRAICTURE de maistre Jean Cousin. *A Paris, chez
Guillaume le Bé*, 1647, in-8 oblong, fig. mar. la Vall. tr. dorée
(*Cuzin.*)

70. Pourtraicts divers. *A Lion, par Jan de Tournes,* 1557, in-12, mar. orange, dent. tr. dor.

Recueil très-rare de figures sur bois, composé d'un frontispice et de 62 planches.

71. Icones, sive Imagines vivæ virorum Italiæ, Germaniæ, Galliæ, Angliæ, per Nic. Reusnerum. *Basileæ, ap. Valdkirch,* 1691, in-12, mar. bleu, jans. tr. dor. (*Thibaron.*)

Nombreux portraits gravés sur bois.

72. PORTRAITS of the british poets. *London, published by Charles Baldwyn,* 1824, 23 livr. en 22 part. in-fol.

Exemplaire en grand papier. Épreuves sur chine avant la lettre.

73. Le Cabinet de l'Amateur et de l'Antiquaire, revue des tableaux et des estampes anciennes, des objets d'art, etc. *Paris,* 1842 à 1846, 4 vol. in-8, fig. grav. etc., demi-rel. v. f. ébarbé.

74. Le Cabinet de l'Amateur, par M. Eugène Piot, années 1861 et 1862. *Paris, Firmin Didot frères, fils et Cie,* 1863, in-4, fig. demi-rel. v. f. ébarbé.

75. Les Collectionneurs de l'ancienne Rome, notes d'un amateur. *A Paris, chez Aug. Aubry,* 1867, pet. in-8, demi-rel. mar. r. tête dor. ébarbé.

Ouvrage tiré à 600 exemplaires numérotés. N° 24, papier jonquille.

76. Collection de 43 tableaux de maîtres anciens de la collection de M. Koucheleff Besborodko. *Paris,* 1869, gr. in-8, br.

Eaux-fortes. Prix au crayon.

77. Vingt-trois tableaux des écoles flamandes et hollandaises, provenant de la galerie de San Donato. *Paris,* 1868, gr. in-8, br.

Eaux-fortes. Prix manuscrits.

78. Collections de San Donato, tableaux. *Paris,* 1870, gr. in-8, br.

Eaux-fortes. Prix au crayon.

79. Collections de San Donato, objets d'art. *Paris,* 1870, 5 part. en 1 vol. gr. in-8, br.

Photographies.

80. Galerie de MM. Pereire, catalogue de tableaux. *Paris,* 1872, gr. in-8, broché.

Eaux-fortes. Prix manuscrits.

81. Galerie de M. le marquis de la Rochebrunc. *Paris,* 1873, gr. in-8, broché.

Eaux-fortes. Prix au crayon.

82. Précieuse collection de feu M. R. Papin, tableaux. *Paris,* 1873, in-4, broché.

Eaux-fortes.

83. Catalogue d'une très-belle collection de tableaux. *Paris*, 1874, in-4, broché.

> Eaux-fortes. Prix au crayon.

84. Les Femmes blondes selon les peintres de l'école de Venise, par deux Vénitiens. *Paris, A. Aubry,* 1865, in-8, demi-rel. chagr. brun, ébarbé.

> Ouvrage tiré à petit nombre. Exemplaire sur papier vélin.

85. Théodore Rousseau, par Burty. Plaq. in-8, avec dessins et eau-forte, cart.

> Extrait de la Gazette des Beaux-Arts.

86. Musée de sculpture antique et moderne, ou Description historique et graphique du Louvre et de toutes ses parties, par le comte F. de Clarac. *Paris, à l'Imprimerie royale,* 1841 à 1853, 6 tom. en 7 vol. in-8, de texte et 6 vol. de pl. in-4 oblong, demi-rel. chagr. r.

87. Le Grand Cabinet romain, ou Recueil d'antiquitez romaines qui consistent en bas-reliefs, statues des dieux et des hommes, instruments sacerdotaux, lampes, urnes, seaux, brasselets, clefs, anneaux et phioles lacrimales que l'on trouve à Rome avec les explications de Michel-Ange de la Chaussée. *Amsterdam, chez François l'Honoré,* 1706, in-fol. bas. 43 planches contenant 160 sujets.

88. Stalles du chœur de la cathédrale d'Auch, texte et dessin par L. Sancet. *Paris, A. Morel et Cie,* 1862, in-4, 60 pl. demi-rel. chagr. r. ébarbé.

89. Cours d'architecture, qui comprend les ordres de Vignoles, avec des commentaires, les figures et les descriptions de ses plus beaux bâtimens, et de ceux de Michel-Ange, par C.-A. d'Aviler ; nouvelle édition. *A Paris, chez Pierre-Jean Mariette,* 1750, in-4, avec planches, v. ant.

> Reliure très-fatiguée.

90. Dictionnaire d'architecture civile, militaire et navale, antique, ancienne et moderne, et de tous les arts et métiers qui en dépendent, dont tous les termes sont exprimés en françois, latin, italien, espagnol, anglois et allemand, par M. C.-F. Roland le Virloys. *A Paris, chez les libraires associés,* 1770 à 1771, 3 vol. in-4, bas. fil. tr. r.

91. Traité d'architecture, par Léonce Reynaud, deuxième édition. *Paris, Dalmont et Dunod,* 1860 à 1863, 2 vol. in-4 de texte et 2 vol. in-fol. de pl. demi-rel. chagr. noir.

92. Le Livre de l'architecture, recueil de planches donnant la division, symétrie et proportion des cinq ordres appliqués à tous les travaux d'art qui en dépendent, tels que fenêtres, cheminées, chambranles, portails, fontaines et tombeaux. *Liége et Paris, A. Lévy, s. d.,* 201 pl. in-fol. dans un carton.

93. Nouvelles Inventions povr bien bastir et à petits fraiz, trovvées
n'aguères par Philibert de l'Orme. *A Paris, de l'imprimerie de
Frédéric Morel,* 1561, pet. in-4, fig. demi-rel. chagr. dos à nerfs, plats
toile, tr. r.

Exemplaire piqué des vers. Feuillets remontés.

94. L'Art de bâtir chez les Romains, par Auguste Choisy. *Paris, Ducher
et Cie,* 1873, in-4, fig. et 24 pl. demi-rel. chagr. r. dos orné.

95. Monuments anciens et modernes, collection formant une histoire de
l'architecture des différents peuples à toutes les époques, publiée
par Jules Gailhabaud. *Paris, Firmin Didot frères,* 1850, 4 tom. en
8 vol. in-4, pl. demi-rel. chagr. noir, plats pap. chagr.

96. Recueil et parallèle des édifices de tout genre anciens et modernes,
remarquables par leur beauté, par leur grandeur, etc., par J.-N.-L.
Durand, avec un texte par J.-G. Legrand. *A Paris, de l'imprimerie
de Gille fils, an VIII,* in-fol. oblong, 86 pl. demi-rel. chagr. v.

97. Guide des constructeurs, ou Traité complet des connaissances
théoriques et pratiques relatives aux constructions, par B.-R. Mignard, 2 tom. en 1 vol. in-8 et atlas in-4. Le t. I, quatrième édition.
Paris, A. Lévy, s. d. — T. II, 3° édition, revue par A.-E. Chelli.
Paris, Caudrilier, s. d. — Atlas, 3° édition, revue par A.-E. Chelli.
Paris, A. Lévy, 1866. Le vol. de texte, demi-rel. chagr. vert, atlas,
cartonné.

98. Trattato di Teofilo Gallaccini sopra gli errori degli architetti. *In
Venezia,* 1767, in-4, cart. *planches gravées.*

99. Traité de l'application du fer, de la fonte et de la tôle, par
Ch.-L.-G. Eck. *Paris, Carilian-Gœury et V. Dalmont,* 1841, in-fol. avec
80 pl. demi-rel. d. toile.

100. Jérusalem. Étude et reproduction photographique des monuments
de la ville sainte, depuis l'époque judaïque jusqu'à nos jours, par
Auguste Salzmann. *Paris, Gide et J. Baudry,* 1856, in-fol. pl. photogr.
demi-rel. chagr. v. ébarbé. *Atlas seul.*

101. Détails des plus intéressantes parties d'architecture de la basilique
de Saint-Pierre de Rome, par Gabriel-Martin Dumont. *A Paris, chez
l'auteur,* 1763. — Recueil de plusieurs parties d'architecture de différents maîtres, tant d'Italie que de France, mis au jour par M. Dumont. *S. l. n. d.* — Divers morceaux d'architecture du sieur Dumont.
A Paris, s. d. Ensemble 3 vol. in-fol. demi-rel. chagr. la Vall.
tr. r.

102. L'Architecture du v° au xvii° siècle et les arts qui en dépendent,
publiés par Jules Gailhabaud. *Paris, Gide,* 1858, 4 vol. in-4, avec pl.
et atlas in-fol. demi-rel. chagr. noir, plats pap. chagr.

103. LE MOYEN AGE MONUMENTAL ET ARCHÉOLOGIQUE. Vues et détails des monuments depuis le vi^e jusqu'au xviiie siècle. *Paris, Lévy fils, s. d.*, 3 vol. in-fol. 443 pl. demi-rel. chagr. bleu, ébarbé.

104. Architecture civile et domestique au moyen âge et à la renaissance, dessinée et décrite par Aymar Verdier et par le Dr F. Cattois. *Paris, Victor Didron, 1855*, 2 vol. in-4, fig. et pl. dos et coins de chagr. r. plats pap. chagr.

105. Études pratiques tirées de l'architecture et des arts au moyen âge, par M. Thomas H. King. *Londres, Henri Sotheran et Ce, 1869*, 4 vol. in-4, 400 pl. demi-rel. chagr. vert.

106. Architecture romane du midi de la France, dessinée, mesurée et décrite par Henry Révoil. *Paris, veuve A. Morel et Ce, 1873*, 3 vol. in-fol. fig. et pl. demi-rel. chagr. r.

107. La Toscane au moyen âge, architecture civile et militaire, par Georges Rohault de Fleury. *Paris, veuve A. Morel et Ce, 1873*, 2 vol. in-fol. avec pl. en feuilles dans un carton.

108. Les Monuments de Pise au moyen âge, par M. Georges Rohault de Fleury. *Paris, A. Morel, 1866*, 1 vol. in-8, br. de texte avec fig. et 1 vol. in-fol. de pl. en feuilles dans un carton.

109. Monuments funéraires du moyen âge, plans, élévations, coupes et détails, dessinés par G. G. Ungewitter. *Paris, A. Morel et Ce. s. d.*, in-fol. avec pl. demi-rel. dos toile.

110. La Renaissance monumentale en France, par Adolphe Berty. *Paris, A. Morel et Ce, 1864*, 2 vol. pet. in-fol. avec pl. demi-rel. chagr. r. plats pap. chagr.

111. Archives de la commission des monuments historiques. (*Paris, Gide*), s. d. 6 vol. in-fol. pl. demi-rel. dos toile, r.

> Exemplaire sans titre.

112. L'ARCHITECTURE FRANÇOISE, ou Recueil des plans, élévations, coupes et profils des maisons royalles, de quelques églises de Paris et de châteaux, etc. *A Paris, chez Jean Mariette, 1738*, in-fol. titre grav. v. ant. marbr.

113. L'Architecture françoise, par Marot père et fils. *Paris, chez Jean Mariette, 1751*, in-fol. 192 pl. v. ant.

> Reliure fatiguée. Le titre manque.

114. Les plus excellents Bastiments de France, par J.-A. Ducerceau, sous la direction de M. H. Destailleur, gravés par M. Faure Dujarrie. Nouvelle édition. *Paris, A. Lévy, 1868-1877.* 2 vol. in-fol. demi-rel. chagr. r. ébarbé.

115. Choix d'édifices publics projetés et construits en France depuis le commencement du xixe siècle, publié par MM. Gourlier, Biet, feu

Grillon et Tardieu. *A Paris, Louis Colas,* 1825 à 1850, 3 vol. in-fol. demi-cart. non rog. planches au trait.

116. Hôtel Carnavalet, in-fol. 10 photographies, demi-rel. chagr. r.

117. Plans, coupes, élévations et détails de l'église du faubourg Poissonnière à Paris, sous l'invocation de Saint-Eugène, par A.-L. Lusson. *Paris, A.-L. Lusson,* 1855, pet. in-fol. pl. cart.

118. Monographie de l'église de la Sainte-Trinité. M. Th. Ballu, architecte. *Paris, A. Dupuis,* 1868, in-fol. fig. et 20 pl. demi-rel. chagr. r. plats pap. chagr.

119. Monographie des Halles centrales de Paris, construites sous le règne de Napoléon III, par V. Baltard et F. Callet. *Paris, A. Morel et C*, 1863, in-fol. 35 pl. demi-rel. chag. vert, dos à nerfs.

119 (*bis*). Monographie des Halles centrales. Seconde édition, comprenant un parallèle entre divers édifices de même ordre, par V. Baltard. *Paris, Ducher et C*, 1873, in-fol. pl. en feuilles enfermé dans un carton.

120. Parallèle des principaux théâtres modernes de l'Europe et des machines théâtrales, françaises, allemandes et anglaises. Dessins par Clément Contant, texte par Joseph de Filippi. *Paris, chez A. Lévy fils,* 1859, pour le texte, et *Paris, chez l'auteur,* 1842, pour les pl. 3 vol. in-fol. demi-rel. chagr. viol.

121. Louis. Théâtre de Bordeaux, 22 plans, cartes et figures in-fol. dans un carton.

122. Pugin and Le Reux's Specimens of the architectural antiquities of Normandy. *London, printed for M. A. Nattali,* 1847, in-4, avec pl. demi-rel. chagr. v. plats toile.

123. A. Fabre et L. de Vesly. L'Architecture au salon, revue annuelle. Première année, 1872. *Paris, A. Lévy,* 1872, in-fol. avec pl. demi-rel. chagr. la Vall. tête dorée, ébarbé.

124. L'Art pour tous. Encyclopédie de l'art industriel et décoratif. Emile Reiber, directeur-fondateur, première à sixème année, 1861 à 1867. *Paris, A Morel et C*, 6 vol. in-fol. grav. cart.

125. Algemeen Kunstenaars; hand-bock of schatkamer voor alle beoefenaaren van Kunsten ex Handwerken, Geinventeerd en zamengebragt door J. C. de La Fosse. *Te Amsterdam, by Jan Willem Smit,* in-fol. 102 pl. dos et coins de veau.

126. Grammaire de l'ornement, par Owen Jones. *Londres, Day and son.* s. d., petit in-fol. cart. toile, dos et plats ornés, tr. dor.

Cent douze planches, dont quelques-unes en chromo.

127. Ornements des anciens maîtres du xve au xixe siècle. Planches recueillies par O. Reynard, texte par Georges Duplessis. *Paris,*

A *Lévy*, 1864, 2 vol. pet. in-fol. 219 pl. tirées sur chine, dans un carton.

128. Recueil de décorations intérieures comprenant tout ce qui a rapport à l'ameublement composé par C. Percier et P.-F.-L. Fontaine, exécuté sur leurs dessins. *A Paris*, 1812, in-fol. cart. n. rog. (72 planches au trait.)

129. Dictionnaire raisonné du mobilier français de l'époque carlovingienne à la renaissance, par M. Viollet-le-Duc. *Paris, veuve A. Morel et C*, 1871 à 1875, 6 vol. in-8, gravures br.

   Le tome I manque.

130. Exemples de décoration appliquée à l'architecture et à la peinture depuis l'antiquité jusqu'à nos jours, réunis par Léon Gaucherel. Première partie. *Paris, Bance*, 1857, in-4, cart. ébarbé.

131. Les Appartements privés de S. M. l'Impératrice au palais des Tuileries, décorés par M. Lefuel, publiés par Eugène Rouyer. *Paris, J. Baudry*, 1868, in-fol. pl. en feuilles dans un carton.

132. Collection de différentes espèces de serres chaudes pour forcer des ananas, des arbres fruitiers et pour préserver des plantes exotiques délicates, par W. Robertson, traduit de l'anglais. *Londres*, 1798, in-4 obl. 24 planches en couleurs, demi-rel. bas.

---

133. Les Emblèmes de maistre André Alciat, mis en rime françoise. *Paris, Chrestien Wechel*, 1542, in-12, nombr. fig. sur bois, mar. vert, fil. tr. dorée. (*Thibaron*.)

   Bel exemplaire.

134. Μικρόκοσμος, Parvus mundus. *A Anvers, chez Jean Keerbergen*, 1592. veau brun.

   74 figures d'emblèmes. En regard de chacune est une pièce de vers français.

135. Othonis Væni Emblemata Horatiana, imaginibus in æs incisis atque latino, germanico, gallico et belgico carmine illustrata. *Amstelædami, apud Henricum Wetstenium*, 1684, in-8, front. gravé et fig. mar. br. dos orné large dent. fil. tr. dor.

   Bel exemplaire en grand papier de cet ouvrage très-recherché.

136. Symbolographia, sive de arte symbolica sermones septem, auctore R. P. Jacobo Boschio e societate Jesu. *Augustæ Vindelicorum et Dilingæ apud Joannem Casparum Bencard*, 1702, 3 parties en 1 vol. in-fol. contenant 160 planches gravées par Jacob Muller et George Wolffgang, v. marb.

137. Feste delle nozze di Francesco Medici, gran duca di Toscana, et della Sereniss. sua consorte Bianca Capello, composte da Raffaello

Gualterotti con particolar descrizione della Sbarra. *Firenze, Giunti,*
1579, in-4, mar. la Vallière, jans. tr. dorée. (*Lortic.*)

> Figures curieuses. Livre rare.

138. Repræsentatio der fürstlichen auffzug und ritterspil….. (Description des fêtes et du tournoi à l'occasion du mariage du duc Jean-Frédéric de Wurtemberg et Mlle Barbe-Sophie de Brandenbourg à
Stuttgard). *Gedruckt durch Balthasar Kuchlern. S. d.* (1611), in-fol.
obl. 196 pl. peau de truie.

> Armes sur les plats.

139. COSTUMES HISTORIQUES aux XIIe et XVIIIe siècles, par Camille Bonnard
et Georges Duplessis. *Paris, A. Lévy,* 1860 à 1873. 5 vol. in-4, grav.
col. de Paul Mercuris et de Lechevallier. Chevignard cart.

> Le titre du t. I manque.

140. COSTUMES des représentants du peuple, membres des deux con-
seils, du directoire exécutif, des ministres, des tribunaux, etc., dont
les dessins originaux ont été confiés au citoyen Grasset Saint-Sau-
veur. Chaque figure accompagnée d'une notice historique. *A Paris,
chez Leroy, an IV* (1796), grand in-8, mar. fil. dos orné **tr. dor.**
(*Cuzin.*) (*Doré par* Wampflug.)

> Exemplaire relié sur brochure, avec la double suite des figures noires et colo-
> riées. *Rare.*

141. Recueil de vingt-huit planches de Tempesta, représentant des
chevaux. *S. l.,* 1590, front. grav. vél.

ARTS DIVERS, ARTS INDUSTRIELS.

---

143. PŒCILOGRAPHIE, ou diverses escritures, par de Beaugrand, Parisien.
(*Paris, vers* 1600), front. gravé, in-4 oblong, mar. amar. tr. dorée.
(*Lortic.*)

> Curieux alphabet gravé. Portrait de Beaugrand par Thomas de Leu.

144. Il Secondo Libro delle cancellaresche, corsive e diverse maniere
di lettere di Francesco Periccioli, scrittore in Siena, 1610, in-4 oblong,
vélin.

> Les alphabets sont encadrés par de beaux entourages gravés sur bois.

145. Almanach des gourmands, ou Calendrier nutritif servant de guide
dans les moyens de faire excellente chère, par un vieux amateur
(Grimod de la Reynière). *Paris, Maradan,* (1803-1812), 8 vol. in-12,

front. gravé à chaque volume, dos et coins de mar. v. tête dorée non rog. (*Gruel.*)

Bel exemplaire ; tous les volumes sont de la première édition.

146. Nouvel Almanach des Gourmands, dédié au ventre, par A.-B. de Périgord. *Paris, Baudouin,* 1825-1827, 3 vol. avec front. grav. à chaque volume et cartes, dos et coins de mar. vert, tête dor. non rog. (*Gruel.*)

Exemplaire avec les trois cartes gastronomiques de la France qui manquent souvent.

147. La Maison des jeux académiques, contenant un recueil général de tous les jeux divertissans pour se réjouir et passer le temps agréablement, et augmentée de la Loterie plaisante. *A Paris, chez Étienne Loyson,* 1668, in-12, maroq. rouge, dos orné, trois filets comp. dent. int. tr. dor. (*Trautz-Bauzonnet.*)

148. L'Académie de l'admirable art de la lutte. Avec une instruction claire et familiaire, comment on peut en toutes les occasions repousser sûrement et adroitement toutes sortes d'insultes et d'attaques. *A Leide, Isaac Severinus, s. d.,* in-4, 71 planches de Romein de Hooge, cart.

149. MODELLES ARTIFICES || de feu et divers || instrumēs de guer||re avec les moyös de || s'en prévaloir pour assiéger, battre, surprendre et défendre toutes places, utiles et nécessai || res à tous ceux qui font profession des armes, par Joseph Boillot, Langrois. *A Chaumōt en Bassio, chez Quentin Mareschal,* 1598, grand in-8, front. gravé et fig. vélin.

Très-rare.

150. Le Livre d'or des métiers. *Paris, Adolphe Delahays,* 1850 à 1859, 7 vol. in-4, grav. et fig. noires, ou col. vél.

Histoire de l'orfévrerie-joaillerie. — Histoire de la charpenterie. — Histoire de l'imprimerie. — Histoire des cordonniers. — Histoire des Hôtelleries, 2 vol. — Histoire de la coiffure.

151. Traité de l'art de la charpenterie, par A.-R. Emy. *Paris, Asselin,* 1837 à 1841, 2 vol. in-4, demi-rel. v. fauve.

152. L'Art de tourner ou de faire en perfection toutes sortes d'ouvrages au tour, composé en françois et en latin, et enrichi de près de quatre-vingt-planches, par le R. P. Charles Plumier, religieux minime. *A Lyon, et se vend à Paris,* 1706, in-fol. v. br.

153. Histoire de l'art de la verrerie dans l'antiquité, par Achille Deville. *Paris, veuve A. Morel et Cᵉ,* 1873, in-4, 112 pl. en feuilles dans un carton.

154. Histoire des poteries, faïences et porcelaines, par J. Marryat, traduit de l'anglais par MM. d'Armaillé et Salvetat, avec une préface

de M. Riocreux. *Paris, veuve Jules Renouard,* 1866, 2 vol. gr. in-8,
fig. demi-rel. v. f. ébarbé.

155. Des Pierres précieuses et des pierres fines, avec les moyens de les
connaître et de les évaluer, par M. Dutens. *Paris, Didot,* 1776, pet.
in-12, mar. r. 3 col. tr. dorée. (*Anc. rel.*)

BELLES-LETTRES.

I. LINGUISTIQUE.

156. Alphabetum Tironianum, seu notas Tironis explicandi methodus,
labore et studio D. P. Carpentier. *Lutetiæ Parisiorum,* 1747, in-fol.
v. marbr. fil. (*Aux armes de France.*)

157. THRESOR DE LA LANGUE FRANÇOYSE, tant ancienne que moderne, avqvel entre autres choses sont les mots propres de marine,
vénerie et faulconnerie cy-deuant ramassez par Aymar de Ranconnet,
reveve et avgmentée en ceste dernière impression, par JEAN NICOT.
Avec vne grammaire françoyse et latine. *A Paris, chez David Douceur,*
1606, in-fol. mar. r. dent. int. tr. dor. (*Capé, Masson et Debonnelle.*)
> Superbe exemplaire, en grand papier.

158. DICTIONNAIRE FRANÇOIS, contenant les mots et les choses, plusieurs
nouvelles remarques sur la langue françoise, avec les termes les
plus connus des arts et des sciences, par P. Richelet. *A Genéve, chez
Jean Herman Widerhold,* 1680, 2 tomes en 1 vol. in-4, mar. r. jans.
à nerfs, dent. int. tr. dor. sur marbr. (*Duru.*)
> Supe be exemplaire, *bien complet,* de l'édition originale, provenant de la bi
> bliothèque du comte de la Bédoyère.

159. DICTIONNAIRE UNIVERSEL, contenant généralement tous les mots
françois tant vieux que modernes et les termes de toutes les sciences
et des arts..... recueilli et compilé par feu Messire Antoine Furetière.
A la Haye et à Rotterdam, chez Arnout et Reinier Leers, 1690,
3 vol. in-fol. portrait, mar. r. fil à comp. dent int. tr. dor. (*Anc.
rel.*)
> Fortes taches au tome I.

160. LE DICTIONNAIRE de l'Académie françoise. *A Paris, chez Jean-
Baptiste Coignard,* 1694, 2 vol. in-fol. mar. r. dos orné, dent. fil. à
comp. dent. int. tr. dor. (*Du Seuil.*)
> Superbe exemplaire, en grand papier, de la première édition de cet ouvrage.
> Riche reliure aux armes et au chiffre de LOUIS XIV.

161. Des Mots a la mode et des nouvelles façons de parler, avec des observations sur diverses manières d'agir et de s'exprimer, et un discours en vers sur les mêmes matières (par F. de Callières). Cinquième édition. *A la Haye, chez Abraham Troyel, 1697.* — Du bon et du mauvais usage dans les manières de s'exprimer. Des façons de parler bourgeoises, et en quoy elles sont différentes de celles de la Cour (par de Callières). *Suivant la copie à Paris, chez Claude Barbin, 1694,* deux ouvrages en un vol. in-12, mar. vert, dos orné, trois fil. dent. int. non rogné. *(Duru et Chambolle.)*

Très-bel exemplaire.

II. POÈTES ANCIENS.

162. Homeri Ilias. *Parmæ, typis Bodonianis, 1808,* 3 vol. in-fol. cart. n. rog.

163. La Bataille fantastique des rois Rodilardus et Croacus. *Rouen, Anthoine Boutier, 1603,* in-16, mar. r. comp. fil. tr. dorée.

Exemplaire de Charles Nodier et du marquis de Coislin.

164. Odes d'Anacréon, trad. en vers, par de Saint-Victor. *Paris, Nicolle, 1810,* in-8. mar. bleu, dent. doublé de moire rose, tr. dorée.

Riche reliure de Thouvenin. Les jolies figures de Girodet et de Bouillon sont avant la lettre.

165. HORACE. Traduction en vers, par le comte Siméon. *Paris, Jouaust, 1873,* 3 vol. grand in-8, eaux-fortes en tête de chaque pièce (les 2 premiers cart. non rognés, le 3me broché).

On a ajouté à l'exemplaire la suite complète des eaux-fortes, des titres et des culs-de-lampe tirés à part en bistre.

166. P. Virgilii Maronis Opera. *Ludg. Batav., ex officina Elzeviriana, 1636,* in-12, mar. r. jans. tr. dor. *(Hardy.)*

Bel exemplaire de la deuxième édition sous cette date. Hauteur : 132 milim. 1/2.

167. Publii Virgilii Maronis Bucolica, Georgica et Æneis. *Parisiis, excudebat Petrus Didot natu major, 1791,* pet. in-fol. pap. vél. gravures d'après Gérard et Girodet, dos et coins de mar. br. tête dor. ébarbé.

Il y a, dans cet exemplaire, trois épreuves de la première gravure, dont une avant la lettre.

168. Publii Virgilii Maronis Bucolica, Georgica et Æneis. *Parisiis, ap. Didot natu major, 1791,* in-fol. cartonné, non rogné.

Exemplaire de Renouard. Imprimé sur vélin. Quelques figures avant la lettre, du Virgile de 1798, ajoutées.

169. Imitations du latin de Jean Bonnefons, avec autres gaietés amoureuses. *Paris, du Breuil, 1610,* in-12, v. f. *(Anc. rel.)*

170. Moneta, carmen, auctore Gabriele Bernard de Rieux (petit-fils de Samuel Bernard), rhetore in Collegio Ludov. Magni (avec la traduction française en regard). 1739, in-8, v. f. dent. tr. dor. (*Armes de Bernard de Rieux.*)

Manuscrit original de 60 pages. Curieux vers latins décrivant les procédés monétaires qui transforment l'or, le cuivre et l'argent, en louis, en écus, en sols, dédiés par leur jeune auteur, élève du collège Louis-le-Grand, à son père, M. Gabriel Bernard de Rieux, et à sa mère, Henriette de Boulainvilliers.

III. POËTES FRANÇAIS.

171. Fabliaux et contes des poëtes des xi⁰, xii⁰, xiii⁰, xiv⁰ et xv⁰ siècles, tirés des meilleurs auteurs, publiés par Barbazan. Nouvelle édition, revue par M. Méon. *A Paris, chez B. Warée*, 1808, 4 vol. in-8, grav. demi-rel. v. f.

172. Nouveau Recueil de fabliaux et contes inédits, des poëtes français des xii⁰, xiii⁰, xiv⁰ et xve siècles, publié par M. Méon. *A Paris, chez Chassériau*, 1823, 2 vol. in-8. grav. demi-rel. v. f. (*Capé.*)

173. Le Roman en vers, de Girart de Rossillon, jadis duc de Bourgogne, publ. par Mignard. *Paris, Techener, et Dijon, A. Maitre*, 1858, in-4, demi-rel. mar. r. non rogné, planches.

174. La Chanson de Roland, poëme de Théroulde, texte critique accompagné d'une traduction, d'une introduction et de notes par F. Génin. *Paris, Imprimerie nationale*, 1850, in-8, demi-rel. mar. r. tr. peigne.

Papier vergé.

175. Le Vergier d'honneur nouvellement imprimé à Paris, de l'entreprinse et voyage de Naples, par Octavien de Sainct-Gelais, evesque d'Angoulesme, et par maistre Andry de la Vigne. *On les vend à Paris, par Philippe le Noir*, in-4, goth. mar. r. fil. tr. dorée. (*Anc. rel.*)

Édition rare de ces poésies, fig. sur bois, quelques raccommodages.

176. Les Déclamations, procédeures et arrestz d'amours nouvellement donnés en la cour et parquet de Cupido. *A Paris, Pierre Sergent*, 1545, fig. sur bois, in-12, mar. bleu, fil. tr. dorée. (*Lortic.*)

Édition rare.

177. Divers Jeux rustiques et autres œuvres poëtiques de Joachim du Bellay, Angevin. *Paris, Frédéric Morel*, 1565, in-4, mar. brun, comp. tr. dorée. (*Masson-Debonnelle.*)

178. Les Œuvres françoises de Joachim du Bellay, gentilhomme angevin. *Paris, Frédéric Morel*, 1584, un tome en 2 vol. in-12, mar. r. dentelle, tr. dorée. (*Capé.*)

Bel exemplaire.

179. La Géomance abrégée de Jean de la Taille de Bondaroy, gentil-homme de Beauce, ensemble le Blason des pierres précieuses. *Paris, Lucas Breyer,* 1574, portrait in-4, mar. vert, ornem. tr. dorée. (*Trautz-Bauzonnet.*)

180. Œuvres poëtiques d'Amadis Jamyn. *Paris, Mamert Patisson,* 1577, in-12, v. granit, fil.

181. Les Cantiques du sieur de Maisonfleur. *Paris, Auvray,* 1586, in-12, mar. bleu, fil. tr. dorée. (*Thibaron.*)

> Dans le même volume : Quatrains spirituels de l'honneste amour. — Les Qua-trains du seigneur de Pybrac.

182. Les Mimes, enseignements et proverbes de Jan-Antoine de Baïf. *Paris, Mamert Patisson,* 1597, pet. in-12, portrait mar. brun, ornem. tr. dorée. (*Lortic.*)

183. Les Discours philosophiques de Pontus de Tyard, seigneur de Bissy. Comprenant : Premier et second Solitaire. — Mantice. — Premier curieux. — Second curieux. — Scènes ou Discours du temps. — *Paris, Abel l'Angelier,* 1587, in-4, mar. olive, comp. tr. dorée. (*Capé.*)

> Bel exemplaire.

184. Les Satyres et autres œuvres du sieur Regnier. *A Leiden, Jean et Daniel Elzevier,* 1652, pet. in-12, maroq. r. fil. tr. dor. (*Anc. rel.*)

> 115 millim. Titre coupé et double.

185. Œuvres de Malherbe, recueillies et annotées par M. L. Lalanne. *Paris, L. Hachette,* 1862-1869, 5 vol. in-8, et atlas in-4, dos et coins de mar. bleu, dos orné, fil. tête dorée, ébarbé.

> Superbe exemplaire en grand papier de Hollande. Tiré à 150 exemplaires, n° 84.

186. Poésies de Malherbe. *Paris, Barbou,* 1757, in-8, mar. r. fil. tr. dorée. (*Derome.*)

187. Le Parnasse satyrique du sieur Théophile. *S. l.,* 1627, pet. in-8, mar. vert doublé de mar. r. riche dorure et mosaïque à l'intérieur. (*Canape.*)

> Très-bel exemplaire d'une des premières éditions de cet ouvrage.

188. Les Œuvres de Théophile. *A Rouen, Louis du Mesnil,* 1631, in-12, veau fauve, compart. fil. (*Anc. rel.*)

189. Les Œuvres de Monsieur Sarazin. *A Paris, chez Augustin Courbé,* 1656, in-4, vél.

190. Le Virgile travesti en vers burlesques de monsieur Scarron. *Suiv. la copie impr. à Paris,* 1668, fig. pet. in-12, mar. r. fil. tête dorée. (*Duru.*)

> 135 millim.

191. Entretiens solitaires, ou Prières et méditations pieuses, en vers
françois, par M. de Brébeuf. *Paris, Loyson,* 1666, in-12, mar. bleu,
tr. dorée. (*Anc. rel.*)

Aux armes du marquis de Cremeaux d'Entragues.

192. Les Vrayes Centuries et Prophéties de maistre Michel Nostradamus. *Amsterdam, chez Jansson à Waesberge (Elzevier),* 1668, in-12, mar.
bleu, fil. tr. dorée. (*Lortic.*)

127 millim. 1/2.

193. Œuvres de Boileau-Despréaux, imprimées par ordre du Roi, pour
l'éducation de Monseigneur le Dauphin. *A Paris, de l'imprimerie de
Didot l'aîné,* 1788, 3 vol. pet. in-12, mar. r. doublé de tabis, dos
orné, fil. à comp. dent. int. tr. dor.

Exemplaire en papier vélin.

194. Œuvres poétiques de Boileau-Despréaux. *A Parme, de l'imprimerie
de la veuve Bodoni,* 1814, 2 vol. in-fol. cart. non rog.

195. Fables inédites des xiie, xiiie et xive siècles, et fables de la Fontaine
rapprochées de celles de tous les auteurs qui avaient, avant lui,
traité les mêmes sujets, précédées d'une notice sur les fabulistes, par
A.-C.-M. Robert. *Paris, Étienne Cabin,* 1825, 2 vol. in-8, portrait,
gravures et fac-simile, demi-rel. mar. la Vall. tète dor. ébarbé.

Exemplaire en papier vélin, lettres grises.

196. Fables de la Fontaine. *A Parme, de l'imprimerie de la veuve Bodoni,*
1814, 2 vol. in-fol. portrait, carte, n. rog.

197. Fables de la Fontaine. Notices par M. Poujoulat. *Tours, Alfred
Mame et fils,* 1875, gr. in-8, portrait et fig. à l'eau-forte de Foul-
quier, br.

Exemplaire en papier de Hollande.

198. Contes et nouvelles en vers de la Fontaine. *Londres,* 1790, 2 vol.
in-8, portrait et figures de Desrais, mar. fil. dos orné, tr. dor. (*Chambolle-Duru.*)

Rare.

199. Poëme du Quinquina et autres ouvrages en vers de M. de la Fontaine. *Paris, Thierry et Barbin,* 1682, in-12, mar. r. fil. tr. dorée.
(*Anc. rel.*)

Édition originale.

200. Madrigaux de M. D. L. S. (de la Sablière). *A Paris, chez Claude
Barbin.* 1680, pet. in-12, mar. bleu, dos orné, 3 fil. dent. int. tr.
dor. (*Belz-Niedrée.*)

Bel exemplaire de l'édition originale. Hauteur : 145 millim. Un nom sur le
titre.

201. Sonnets en bouts-rimez pour le Roy (Louis XIV), la Maison royale, plusieurs Seigneurs et Dames de la cour, par Tortonyn, in-8, mar. r. fil. tr. dor. Fleurs de lis aux coins et au dos. (*Jolie reliure du temps.*)

> Manuscrit d'une belle écriture, de 1685 environ, où se lisent les noms de madame de Maintenon, de la princesse de Conti, de Mesdames de Monglas, de Brégis, de Saint-Martin, etc.

202. Les Œuvres de monsieur de Bensserade. *A Paris, chez Charles de Sercy*, 1697, 2 vol. in-8, v. ant.

203. Fables nouvelles dédiées au roy par M. de la Motte, de l'Académie françoise, avec un discours sur la fable (4me édition). *Amsterdam, Wetstein et Smith,* 1727, 2 tomes en 1 vol. in-8, front. par Coypel, et 99 figures non signées, demi-mar. violet, tête dorée, non rog. (*Gruel.*)

204. Fables nouvelles, par M. Dorat. *A la Haye, et se trouve à Paris, chez Delalain,* 1773, 2 tomes en 1 vol. in-8, front. portrait et fig. de Marillier, demi-rel. v. f. tr. peigne.

> Papier de Hollande. Manque le frontispice du tome II.

205. Recueil dit de Maurepas, pièces libres, chansons, épigrammes et autres vers satiriques sur divers personnages des siècles de Louis XIV et Louis XV. *Leyde,* 1865, 6 vol. pet. in-12, dos et coins de mar. vert, fil. tête dor. ébarbé.

> Ouvrage tiré à 116 exemplaires. Papier de Hollande.

206. Œuvres de Gresset. Nouvelle édition. *A Londres, chez Édouard Kelmurneck (édition Cazin),* 1779, 2 vol. in-16, gravure de Marillier, mar. r. dos orné, fil. tr. dor. (*Anc. reliure.*)

207. Les Saisons, poëme, par de Saint-Lambert. *Amsterdam,* 1769, gr. in-8, dos et coins de mar. br. tête dor. non rog. (*Gruel.*)

> 5 fig. par Gravelot et Le Prince. Fleuron sur le titre et 4 vignettes par Choffard.

208. Les Quatre Parties du Jour, poëme traduit de l'allemand de M. Zacharie. *Paris, Musier,* 1779, gr. in-8, front. 4 figures et 4 entêtes par Eisen, mar. bl. fil. dos orné, tr. dor. (*Relié sur brochure. Chambolle-Duru.*)

> Très-bel exemplaire.

209. Les Bijoux des Neuf-Sœurs. *Paris, Defer de Maisonneuve,* 1790, 2 vol. in-12, mar. r. fil. tr. dor. (*Anc. rel.*)

> Figures de Le Barbier avant la lettre.

210. Le Bijou du Jour de l'An, suivi du Petit Chansonnier français. *A Paris, chez Desnos, s. d.,* texte grav. front. et fig. mar. fil. tr. dor. (*Reliure ancienne.*)

211. Les Jardins, ou l'Art d'embellir les paysages, par l'abbé Delille, de l'Académie françoise. Nouvelle édition, revue, corrigée et consi-

dérablement augmentée. *Londres, Ph. Le Boussonnier*, 1801, in-4,
mar. r. fil. tr. dor.

> Exemplaire en papier vélin de cette édition publiée par Delille lui-même, à
> Londres, où il s'était réfugié, comme émigré, pendant la Révolution.

212. L'Art de dîner en ville, à l'usage des gens de lettres, poëme en
IV chants. *Paris, Delaunay*, 1810, in-12, dos et coins de mar. v.
dor. en tête, non rog. (*Gruel.*)

---

213. Les Triumphes excellents et magnifiques du très-élégant poëte
messire François Petrarcque. Traduyctz de langaige italien en langue
françoyse. *On les vend à Lyon, en la boutique de Romain Morin*, 1532,
pet. in-12, mar. brun jans. tr. dor. (*Lortic.*)

> Édition très-rare. Curieuses figures sur bois.

214. Roland furieux, composé en ryme thuscane, par messire Loys
Arioste, et traduit en prose françoise. *Paris, Vincent Sertenas*, 1555,
in-12, mar. citron, comp. fil. tr. dor. (*Anc. rel.*)

215. Les Saisons, poëme traduit de l'anglais par Thompson. *S. l. n. d.*
(*Cazin*), pet. in-12, mar. r. 3 fil. tête dor. non rogné. (*Chambolle-
Duru.*)

> On a ajouté à cet exemplaire une suite de fig. d'Eisen, une suite de fig. de
> Binet, et un très-joli front. de Marillier.

IV. THÉATRE.

216. Le Grand Thérence, en françois, tant en rime qu'en prose. *Paris,
Jehan Petit*, 1539, in-fol. fig. sur bois, veau brun.

> Curieuses figures sur bois.

217. P. Corneille. Théâtre. *Suivant la copie imprimée à Paris (Holl.,
Elzevier)*, 1664, 5 tomes en 4 vol. pet. in-12, front. grav. v.

> 128 millim. Il manque Tite et Bérénice, Suréna et la Toison d'or. — Neuf
> pièces sont postérieures à 1664. Horace, 1682. — Cinna, 1681. — Polyeucte, 1679.
> — Théodore, 1682. — Le Menteur, 1682. — La Suite, 1681. — Rodogune, 1682. —
> Andromède, 1683. — Pulchérie, 1673.

218. Œuvres de P. Corneille. Nouvelle édition, revue et augmentée,
par M. Th. Marty-Laveaux. *Paris, L. Hachette et C°*, 1862, 12 vol.
in-8 et atlas, pet. in-4, dos et coins de mar. vert, dos orné, fil. tête
dor. ébarbé.

> Superbe exemplaire en grand papier de Hollande. Tiré à 150 exemplaires,
> n° 102.

219. RACINE. Œuvres. *Suivant la copie imprimée à Paris*, 1678, 2 vol.
in-12, front. grav. et fig. à chaque pièce, vélin.

> Le tome II a 126 millim. de hauteur et le tome I 130 millim.

220. Œuvres de Racine. *Suivant la copie imprimée à Paris, 1682*, 2 vol.
in-12, mar. r. jans. tr. dor. (*Petit.*)
132 millimètres.

221. Théâtre complet de Jean Racine. *A Parme, de l'imprimerie Bodoni,*
1813, 3 vol. in-fol. cart. non rog.

222. Œuvres de J. Racine. Nouvelle édition, revue sur les plus anciennes
impressions et les autographes, par M. Paul Mesnard. *Paris, L. Ha-*
chette, 1865, 8 vol. gr. in-8, album et musique, br.
Exemplaire en *grand papier.*

223. MOLIÈRE. Œuvres. *Amsterdam, Jacques le Jeune (Elzevir)*, 1674-
1675, 5 vol. pet. in-12, vélin.
127 millim. Cachet sur le titre et quelques cassures. Reliure moderne, mais
l'ancienne tranche a été respectée.

224. MOLIÈRE. Œuvres. *Paris, 1734*, 6 vol. in-4, mar. bl. fil. tr. dor.
(*Anc. rel.*)
Bel exemplaire. Second tirage de l'édition ornée des figures de Boucher. Les
figures de Moreau, remontées in-4, ont été ajoutées.

225. Œuvres complètes de Molière. Nouvelle édition, avec un travail de
critique et d'érudition, par M. Louis Moland. *Paris, Garnier frères,*
1863 à 1864, 7 vol. in-8, portrait et gravures de Staal, dos et coins
de mar. bleu, tête dor. ébarbé. (*David.*)

226. Le Bourgeois gentilhomme, comédie-balet, faite à Chambort, pour
le divertissement du Roy, par J.-B. P. Molière. *A Paris, chez Claude*
Barbin, 1673, in-12, mar. r. dos orné, 3 fil. dent. int. tr. dor.
(*Gruel.*)
Bel exemplaire de la deuxième édition de cette pièce.

227. Lexique comparé de la langue de Molière et des écrivains du
XVIIe siècle, par F. Génin. *Paris, librairie de Firmin Didot frères,* 1846,
in-8, demi-rel. chagr. bleu, ébarbé.

228. La Partie de chasse de Henri IV, comédie en 3 actes et en prose,
avec 4 estampes, d'après les dessins de Gravelot. *Paris, 1776*, in-8,
mar. vert, 3 filets, dos orné, tr. dor. (*Chambolle-Duru.*)
Exemplaire relié sur brochure.

V. ROMANS.

229. Longus. Les Amours pastorales de Daphnis et Chloé. *La Haye,*
1764, front. grav. et fig. de Scotin, in-8, mar. bl. fil. dos orné, tr.
dor. (*Chambolle-Duru.*)

230. Les Amours pastorales de Daphnis et Chloé, escrites en grec par
Longus, et translatées en françois par Jacques Amyot. *A Versailles,*
chez Sévère Dacier, 1784, in-16, mar. r. fil. à comp. dent. int. tr. dor.
Bel exemplaire, auquel on a joint un frontispice et la gravure aux petits pieds.

231. Daphnis et Chloé, par Longus, trad. du grec par Amyot. *Paris,
Leclère,* 1863, in-8, mar. r. fil. dos orné, tr. dor. (*Lortic.*)

On a ajouté la jolie figure du Bain d'après Prudhon avant la lettre.

232. Amours de Théagènes et Chariclée, histoire éthiopique. *Londres,*
1743, 2 parties en 1 vol. in-8, rel. sur brochure. mar. or. 3 fil. dos
orné, tr. dor. ébarbé. (*Chambolle-Duru.*)

233. Apuleii Metamorphoseos, sive Laus asini, etc. *Venetiis, in ædibus
Aldi et Andreæ soceri,* 1521, mar. vert foncé, ornem. tr. dorée.
(*Lortic.*)

234. La Description de l'Isle d'Utopie, où est compris le miroir des repu-
blicques du monde, par Thomas Morus, chancelier d'Angleterre.
Paris, Charles l'Angelier, 1550, in-8, mar. r. comp. tr. dor. (*Lortic.*)

Bel exemplaire, figures sur bois.

235. L'HISTOIRE de très-noble et chevaleureux prince Gérard, comte de
Nevers et de Réthel, et de la très-vertueuse et très-chaste princesse
Euriant de Savoye, sa mye. (Fin :) *Nouvellement imprimée à Paris,*
1526, *pour Philippe le Noir,* in-4, goth. mar. r. fil. tr. dor. (*Bau-
zonnet-Trautz.*)

Bel exemplaire d'un roman de chevalerie des plus rares.

236. Le Livre du Nouveau Tristan, prince de Leonnois, chevalier de la
Table Ronde, et d'Yseult, princesse d'Yrlande, fait en françois par
Jean Maugin, dit l'Angevin. *Lyon, Benoist Rigaud,* 1577, 1 tome en
2 vol. in-16, mar. r. fil. tr. dor. (*Anc. rel.*)

Exemplaire de Girardot de Préfond.

237. La Plaisante et triomphante Histoire des hauts faictz d'armes du
très-victorieux prince Meliadus, dit le Chevalier de la Croix, fils
unique de Maximian, empereur des Allemaignes, le tout mis en françois par le Chevalier du clergé, humble orateur. *Troyes, Nic. Oudot,*
1612, fig. sur bois, in-8, veau fauve.

Aux armes du comte de Toulouse. Le dernier feuillet est doublé.

238. Histoire du preux et vaillant chevalier Meurvin, fils d'Oger
le Danois, lequel par sa prouesse conquist Hierusalem, etc. *Paris,
Nicolas Bonfons, s. d.,* in-4, fig. sur bois, veau fauve.

239. Les Songes drôlatiques de Pantagruel, où sont contenues plusieurs
figures de l'invention de François Rabelais, avec une introduction
(par Edwin Tross). *Paris, Tross,* 1869, in-8, demi-rel. mar. r. non
rogné.

240. L'Histoire véritable, ou le Voyage des Princes fortunés, par Béroalde de Verville. *Paris, Chevallier,* 1610, in-8, front. grav. de
Léonard Gaultier, mar. r. comp. tr. dor. (*Anc. rel.*)

241. Le Moyen de parvenir (par Béroalde de Verville). Nouvelle édition.
A****, 100070057, 2 vol. in-12, front. mar. r. dos orné, dent. tr. dor.

> Bel exemplaire. On a intercalé dans le tome I quelques feuillets manuscrits en anglais.

242. Les Contes et nouvelles récréations et joyeux devis de Bonaventure des Periers. *Amst.*, 1735, 3 vol. in-12, v. fauve. (*Anc. rel.*)

243. Les Aventures de Télémaque, fils d'Ulysse, par M. de Fénelon. *A Parme, de l'imprimerie Bodoni*, 1812, 2 vol. in-fol. cart. non rog.

244. La Télémacomanie, ou la censure et critique du roman intitulé : les Aventures de Télémaque (par l'abbé Faydit). *A Eleutcrople, chez Pierre Philalethe*, 1700, in-12, mar. bleu, tr. dor. (*Anc. rel.*)

> Aux armes du marquis de Cremeaux d'Entragues.

245. Tarsis et Zélie (par Levayer de Boutigny). *Paris, de Luyne*, 1669, 5 vol. in-12, mar. r. fil. tr. dor.

> Aux armes de Françoise d'Orléans, femme de Charles-Emmanuel II, duc de Savoie.

246. SUITE DES MÉMOIRES et Avantures d'un homme de qualité qui s'est retiré du monde (par l'abbé Prévost). *Amsterdam*, 1733, in-12, mar. violet, fil. tr. dor. (*Hardy.*)

> Bel exemplaire de l'édition originale de Manon Lescaut.

247. Les Princesses Malabares, ou le Célibat philosophique. *Amsterdam*, 1735, in-12, mar. r. fil. tr. dor. (*Anc. rel.*)

> Exemplaire de M. de Morante.

248. Candide, ou l'Optimisme, traduit de l'allemand de M. le docteur Ralph (Voltaire). *S. l.*, 1759, in-8, mar. dos orné, 3 fil. tr. dor. (*Thibaron.*)

> *Édition originale.* On a ajouté un portrait de Voltaire d'après un dessin de Joseph Vernet.

249. Zadig, ou la Destinée, histoire orientale (par Voltaire). *S. l.*, 1748. (A la suite :) Le Micromégas de M. de Voltaire. *A Londres, s. d.*, 2 ouvrages en 1 vol. in-12, v. ant. marbr.

250. Les Sacrifices de l'amour, ou Lettres de la vicomtesse de Senanges et du chevalier de Versenay. *Amsterdam, et Paris, Delalain*, 1771, 2 vol. in-8, fig. de Marillier, mar. r. fil. tr. dor. (*Anc. rel.*)

251. Les Incas, ou la Destruction de l'empire du Pérou, par Marmontel. *Paris, Lacombe*, 1777, fig. de Moreau, 2 vol. in-8, mar. r. fil. tr. dor.

> Ancienne reliure aux armes d'un évêque.

252. Paul et Virginie, par Jacques-Henri-Bernardin de Saint-Pierre. *Paris, de l'imprimerie de P. Didot l'aîné*, 1806, in-4, grav. mar. la Vall. jans. à nerfs, dent. int. tête dor. ébarbé. (*Petit, successeur de Simier.*)

253. Franciscus Columna, dernière nouvelle de Charles Nodier, extraite du *Bulletin de l'ami des arts*, et précédée d'une notice par Jules Janin. *Paris, J. Techener,* 1844, pet. in-8, portr. dos et coins de mar. r. tête dor. ébarbé.

254. Il Decamerone di Giovanni Boccacio. *In Londra,* 1727, 2 vol. in-12, mar. vert, fil. tr. dor.

Ancienne reliure molle.

255. L'AMIE DES AMIES, imitation d'Arioste, par Bérenger de la Tour d'Albenas en Vivarez. *Lyon, Robert Granjon,* 1558, in-12, mar. brun, ornem. tr. dor. (*Cuzin.*)

Imprimé en caractères de civilité.

256. Voyage du capitaine Lemuel Gulliver en divers pays éloignés (par Swift). *La Haye, Gosse et Neaulme,* 1727, 2 vol. in-12, v. gr. figures.

257. Voyage sentimental, suivi des Lettres d'Yorick à Éliza, par Laurent Sterne, en anglais et en français. *Paris, Defer de Maisonneuve, imprimerie de Didot, an VII,* 2 vol. in-4, 6 figures de Monsiaux, cart. toile.

258. Sandford et Merton, traduction libre de l'anglais, par M. Berquin. *A Leipzig, chez Babenhorst,* 1797, 2 tomes en 1 vol. in-18, 4 fig. de Klauber, dos et coins mar. citron, tête dor. non rog. (*Gruel.*)

259. LA VIE ET LES AVENTURES de Lazarille de Tormes, écrites par lui-même, traduction nouvelle sur le véritable original espagnol. *A Brusselles, chez George de Backer,* 1701, 2 part. en 1 vol. in-12, fig. de Harrewyn, mar. la Vall. 3 fil. dos orné, tr. dor. (*Chambolle-Duru.*)

260. WERTHER (de Gœthe), traduit de l'allemand. *A Maestricht, chez Jean-Edme Dufour et Philippe Roux,* 1784, 2 parties en 1 vol. in-8, mar. br. 3 fil. dos orné, tr. dor. (*Chambolle-Duru.*)

Première édition française de ce roman célèbre. En tête de chaque partie une jolie vignette de Chodowiecki.

261. LES MILLE ET UNE NUITS, trad. par Galland, avec une préface par Silvestre de Sacy. *Paris, Bourdin, s. d.,* 3 vol. gr. in-8, nombreuses gravures.

Exemplaire UNIQUE. Orné de 166 DESSINS ORIGINAUX que le peintre VATTIER a composés pour cet ouvrage.

VI. FACÉTIES. — DIALOGUES. — ÉPISTOLAIRES.

262. LES NUICTS FACÉTIEUSES du seigneur Straparole, trad. d'italien en françois par Pierre de Larivey, Champenois. *Paris, Abel l'Angelier,* 1585, 2 tomes en 1 vol. in-16, réglé, mar. r. fil. tr. dor. (*Thibaron.*)

263. LES BIGARRURES ET TOUCHES du seigneur des Accords, avec les Apophthegmes du sieur Gaulard et les Escraignes dijonnoises. *Paris, Maucroy*, 1662, in-12, mar. r. fil. (*Anc. rel.*)

> Exemplaire de la vente Tufton.

264. Les Facétieuses Rencontres de Verboquet, pour resjouir les mélancoliques. *Troyes, Nicolas Oudot*, 1672. — Les Débats et facétieuses rencontres de Gringalet et de Guillot Gorgeu, son maistre. *Troyes, Nic. Oudot*, 1676. — Les Statuts et Reigles de Gringalet touchant la police humaine, 1676, 3 part. en 1 vol. in-16, mar. v. fil. tr. dor. (*Anc. rel.*)

265. LE COLPORTEUR, histoire morale et critique, par M. de Chévrier. *Londres, s. d.* — La Vie du fameux P. Norbert, par le même. *Londres*, 1762. — Almanach des gens d'esprit, par le même. *Londres*, 1762, 3 part. en 1 vol. in-12, mar. r. fil. tr. dor.

> Exemplaire de Pixeréconrt. Belle reliure ancienne.

266. Réflexions sur les grands hommes qui sont morts en plaisantant (par Deslandes). Nouvelle édition. *A Amsterdam, chez les frères Wetstein*, 1732, in-12, front. v. ant. tr. r.

> Armoiries sur les plats.

267. DIALOGO dove si ragiona della bella creanza delle donne. *In Venetia*, 1574, pet. in-12, mar. r. fil. tr. dor. (*Anc. rel.*)

> Exemplaire de Pixerécourt, du comte de la Bédoyère et de Brunet.

268. Physiologie du Prédestiné, considérations biscornues par une bête sans cornes. *Paris, Boquet*, 1841, in-24, grav. de Gagniet, mar. citr. jans. (*Brany.*)

> Ouvrage imprimé sur papier jaune.

269. Le Bien et le Mal qu'on a dit des femmes, par Émile Deschanel. *Paris, Victor Lecou*, 1854 à 1855, 2 tomes en 1 vol. in-16, demi-rel. v. f.

---

270. LES SERÉES DE GVILLAVME BOVCHET, sieur de Broncourt, divisées en trois livres. Dernière édition. *A Lyon, chez Pierre Rigaud*, 1614, in-8, mar. citron, dos orné, fil. à comp. dent. int. tr. dor. (*Chambolle-Duru.*)

> Exemplaire lavé et encollé. Un chiffre sur le dos.

271. CINQUANTE JEUX DIVERS d'honnête entretien, industrieusement inventés par Messire Innocent Rhingier, gentilhomme Boloignoys, et fais en françoys par Hubert Philippe de Villiers. *Lyon, Ch. Pesnot*, 1555, in-4, mar. r. fil. tr. dor.

> Magnifique reliure de Derome dite *à l'Oiseau*.
> Livre très-curieux et très-rare où sont décrits les jeux de l'Amant et de l'Amante, de l'Amour, des Anges, de la Beauté, de la Maquerelle, de Chasteté, etc. C'est-à-dire tous les divertissements de société sous François Ier.

272. Le Lettere di Pietro Aretino, di nuovo impresse e corrette. *Vinegia*, 1538, in-12, mar. bleu, fil. tr. dor. (*Derome*.)

273. Lettres inédites de Michel de Montaigne et de quelques autres personnages, pour servir à l'histoire du xvi⁰ siècle, publiées par F. Feuillet de Conches. *Paris, Henri Plon*, 1863, in-8, dos et coins de mar. r. tête dor. ébarbé. (*David*.)

> Ouvrage tiré à 240 exemplaires. N⁰ 49.

274. Lettres du cardinal duc de Richelieu. *Paris, veuve Mabre-Cramoisy*, 1696. 2 vol. in-12, portr. mar. r. fil. tr. dor. (*Anc. rel.*)

> Bel exemplaire.

275. LETTRES DE MARIE DE RABUTIN-CHANTAL, MARQUISE DE SÉVIGNÉ, à madame la comtesse de Grignan, sa fille. S. l., MDCCXXVI, 2 vol. in-12, tome Iᵉʳ, titre, 381 pp., plus 1 f. d'errata; tome II, titre, 324 pp., plus 1 f. d'errata; mar. r. doubles fil. comp. tr. dor. (*Thouvenin*.)

> Édition originale. Très-bel exemplaire.

276. LETTRES DE MADAME DE SÉVIGNÉ, de sa famille et de ses amis, recueillies et annotées par M. Monmerqué. *Paris, L. Hachette*, 1862-1866, 14 vol. et album, gr. in-8, demi-rel. dos et coins de mar. r. dos orné, fil. tête dor. non rog.

> Exemplaire en *grand papier*.

277. LETTRES de Madame la marquise de Pompadour, de 1753 à 1762. *Londres*, 1772, 3 tomes en 1 vol. in-12, mar. v. fil. tr. dor.

> Reliure de Derome.

278. Recueil de lettres de P.-A. Victor de Lanneau, précédées d'une notice biographique par M. L. Quicherat. *Paris, imprimerie de E. Duverger*, 1851, in-8, médaillons, demi-rel. v. f.

> Ouvrage tiré à 166 exemplaires. N° 69. Envoi de M. Eugène de Lanneau.

VII. POLYGRAPHES.

279. BIBLIOTHÈQUE LATINE-FRANÇAISE, publiée par C.-L.-F. Panckoucke. *Paris, Panckoucke*, 1826 à 1839, 211 tomes en 210 vol. in-8 et 3 atlas, in-4, demi-rel. v. f. ébarbé.

> Superbe exemplaire en grand papier vélin.

280. LES ŒUVRES d'Estienne Pasquier (ses discours, lettres et œuvres poétiques). *Amsterdam*, 1723, 2 vol. in-fol. mar. citron, tr. dor. (*Anc. rel. Aux armes*.)

281. Recueil des œuvres burlesques de M. Scarron. *Jouxte la copie, chez Toussainct Quinet*, 1655, pet. in-12, vél.

> Jolie édition en caractères italiques.

282. Œuvres de Salomon Gessner, traduites de l'allemand. *A Zurich, chez l'auteur,* 1777, 2 vol. pet. in-4, grav. de Gessner, avant la lettre, bas.

283. Œuvres de Rulhière. Paris, 1819, 6 vol. in-8, cart. non rog. portrait.

284. The Works of Horatio Walpole, carl of Oxford. *London, printed for J. Robinson,* 1798, 5 vol. in-4, portr. et grav. demi-rel. v. rac. non rog.

285. Bibliothèque de poche, par une société de gens de lettres et d'érudits. *Paris, Paulin et Delahays,* 1847 à 1858, 10 vol. in-16, demi-rel. mar. r. tr. peigne.

286. Collection du Bibliophile. *Paris, Bachelin-Deflorenne,* 1863 à 1866, 8 vol. in-16, eaux-fortes de Staal, demi-rel. mar. r. tête dor. ébarbé. (*Smeers.*)

HISTOIRE.

I. GÉOGRAPHIE. — VOYAGES. — CHRONOLOGIE.

287. La Géographie universelle, par P. Du Val. *Paris, chez Mlle Du Val.* S. d., 2 vol. in-12, nombr. cartes, mar. vert dent tr. dor. (*Anc. rel.*)

288. Voyages pittoresques et romantiques dans l'ancienne France, par J. Taylor. Normandie, 2me partie. *Paris, Lemaître, éditeur,* publié en 39 livraisons, in-fol. br.

> Manque la 33me livraison.

289. Relation du voyage de Sa Majesté Britannique en Hollande, et de la réception qui lui a été faite. *A la Haye, chez Arnoult Leers,* 1692, 1 portr. et 14 planches gravées, in-fol. demi-rel. bas.

290. Voyage pittoresque de la Grèce (par Choiseul-Gouffier). *A Paris,* 1782 à 1809, 2 vol. in-fol. portr. grav. et cartes, demi-rel. mar. r. ébarbé.

> Bel exemplaire. Deuxième tirage du t. I.

291. Nouvelle Relation de l'intérieur du sérail du Grand Seigneur, par Tavernier, baron d'Aubonne. *Paris, Clouzier,* 1675, in-4, mar. r. comp. doublé de mar. r.

> Bel exemplaire aux armes de Madame Adélaïde et portant l'ex-libris du baron de la Roche Lacarelle.

292. NINIVE ET L'ASSYRIE, par Victor Place, avec des essais de restauration par M. F. Thomas. *Paris, Imprimerie impériale*, 1866, 3 vol. in-fol. dont 2 de texte et 1 atlas de planches gravées, publié en 57 livraisons.

293. EXPÉDITION SCIENTIFIQUE en Mésopotamie, exécutée par ordre du gouvernement de 1851 à 1854, par MM. Fulgence, Frenel, Félix Thomas et Jules Oppert. *Paris, Imprimerie impériale*, 1858 à 1863, 2 vol. in-4 en 5 parties, br. et atlas en livraisons.

294. HISTOIRE d'un voyage faict en la Terre du Brésil, autrement dite Amérique, par Jean de Lery, natif de la Margelle, en Bourgogne. *Genéve, Antoine Chuppin*, 1580, pet. in-8, mar. r. ornem. tr. dor. (*Lortic.*)

    Livre rare.

---

295. L'ART DE VÉRIFIER LES DATES des faits historiques, des inscriptions, des chroniques et autres anciens monuments, avant l'ère chrétienne, par un religieux de la congrégation de Saint-Maur (D. Clément), mis en ordre par M. de Saint-Allais. *A Paris*, 1820, in-fol. mar. r. jans. à nerfs, dent. int. tr. dor. sur marbr. (*Capé.*)

    Superbe exemplaire.

296. L'ART DE VÉRIFIER LES DATES des faits historiques, des chartes, des chroniques et autres anciens monuments, depuis la naissance de Notre-Seigneur. Troisième édition. Par un religieux bénédictin de la congrégation de S. Maur. *A Paris, chez Alexandre Jombert jeune*, 1783 à 1787, 3 vol. in-fol. mar. r. jans. à nerfs, dent. int. tr. dor. sur marbr.

    Superbe exemplaire de cette edition recherchée.

II. HISTOIRE ANCIENNE.

297. HISTOIRE DES JUIFS, escrite par Flavius Josèphe, sous le nom de Antiquitez judaïques, traduite par Arnauld d'Andilly. Nouvelle édition. *A Bruxelles, chez Eugéne-Henry Fricx*, 1701 à 1703, 5 vol. in-8, front. et fig. de Richard Van Orley, mar. r. dos orné, dent. tr. dor. (*Anc. rel.*)

    Bel exemplaire, en grand papier, de cette édition recherchée.

298. POSTEL (GUIL.). De la République ou des Magistrats d'Athènes (en latin), publié par Balesdens. *Leyde*, 1635, in-32, réglé ; très-beau portr. en pied de Guil. Postel, entouré de ses instruments de mathématiques, mar. r. comp. dos orné au pointillé, tr. dor. (*Jolie rel. de du Seuil.*)

    Sur les plats se trouve un écusson à l'Aigle éployé. Ce sont les armes de TALLEMANT DES RÉAUX. On ne connaît que peu de volumes du célèbre et piquant auteur des Historiettes.

299. Les Dix Livres de Valére le Grand, contenant les exemples des faictz et dictz memorables, tant des vertueux que des viticux personnages anciens, etc., traduits nouvellement de latin en françoys par maistre I. Le'Blond, et dediez au roi tres chrestien. *A Paris, par Claude Micard, rue S. Jean de Latran, au Loup,* 1572, in-16, titre grav. réglé, mar. olive, tr. dor. (*Thibaron.*)

     Très-joli exemplaire d'une édition rare.

300. Jvstini Historiarum ex Trogo Pompeio lib. XLIV, cum notis Isaaci Vossii. *Lvgd. Batavorvm, ex officina Elzeviriana,* 1640, in-12, front. grav. mar. bleu, ornem. sur les plats, tr. dor. (*Courteval.*)

301. Caii Velleii Paterculi Historiæ Romanæ libri duo. *Lutetiæ Parisiorum, Barbou,* 1754, mar. bleu, fil. tr. dorée. (*Anc. rel.*)

     Aux armes de Leclerc de Lesseville.

302. Cornelius Tacitus ex Lipsii editione, cum notis Grotii. *Lugd. Batav., ex offic. Elzeviriana,* 1640, 2 vol. in-12, mar. r. comp. fil. tr. dorée.

     Fraiche reliure ancienne.

303. Tibère, ou les six premiers livres des Annales de Tacite, trad. par l'abbé de la Bletterie. *Paris, Imprimerie royale,* 1768, figures de Gravelot, 3 vol. in-12, mar. r. fil. tr. dorée. (*Anc. rel.*)

304. La Milice des Grecs et Romains, traduite en françois du grec d'Ælian et de Polybe, et dédiée au roy par Louys de Machault, sieur de Romaincourt. *A Paris, chez Hierosme Drouart,* 1615, pet. in-fol. fig. vélin.

     Mouillure.

305. Antiquitez sacrées et profanes des Romains expliquées, ou discours historiques, mythologiques et philologiques sur divers monumens antiques. *A la Haye,* 1726, in-fol. 84 planches gravées v. br.

306. Promptvaire des médailles des plus renommées personnes qui ont esté depuis le commencement du monde : avec brieve description de leurs vies et faicts, recueillie des bons auteurs. *A Lyon, chez Gvillavme Roville,* 1553, 2 parties en 1 vol. in-4, fig. v. ant.

     Reliure fatiguée. Mouillure.

307. Médales illustres des anciens empereurs et impératrices de Rome, par J.-B. le Menestrier. *Dijon, Pierre Paillot,* 1642. fig. in-8, vélin.

     Exemplaire du président Bouhier, avec son *ex-libris* en papier sur la garde.

308. Histoire de Constantinople, depuis le règne de l'ancien Justin jusqu'à la fin de l'Empire, traduite par M. Cousin. *Suivant la copie imprimée à Paris, chez Damien Foucault (Hollande, à la Sphère),*

1685, 8 tomes en 11 vol. in-12, mar. bleu. dos orné, fil. tr. dor.
(*Anc. rel.*)

Bel exemplaire.

309. L'Histoire ou Chronique du Seigneur Geoffroy de Villehardouin.
Lyon, par les héritiers de Guillaume Rouille, 1601, in-fol. vélin.

Bel exemplaire.

310. Geoffroi de Villehardouin, Conquête de Constantinople, avec
la continuation de Henri de Valenciennes, texte original, accompagné
d'une traduction par M. Natalis de Wailly. *Paris, Firmin Didot*, 1874,
in-4, br.

311. Essai sur l'appréciation de la fortune privée au moyen âge,
relativement aux variations des valeurs monétaires et du pouvoir
commercial de l'argent, par C. Leber. Seconde édition. *Paris,
chez Guillaume et Cᵉ*, 1847, in-8, demi-rel. mar. v. tête dor. ébarbé.

312. Les Juifs d'Occident, ou Recherches sur l'état civil, le commerce
et la littérature des Juifs, en France, en Espagne, etc..... pendant la
durée du moyen âge, par Arthur Beugnot. *Paris, Lachevardière fils*,
1824, in-8, demi-rel. mar. r. tête dor. ébarbé.

Ouvrage très-rare.

III. HISTOIRE DE FRANCE.

313. COLLECTION des mémoires relatifs à l'histoire de France, jusqu'au
x111ᵉ siècle, publ. par Guizot. *Paris*, 1834, 31 vol. in-8, demi-rel. v.
f. (*Galette.*)

Très-bel exemplaire.

314. Les Chroniqves et annales de France, depvis la destrvction de
Troye, ivsque au Roy Louis onziesme : iadis composées par feu
maistre Nicole Gilles. Nouuellement imprimées sur la correction de
maistre Denys Sauuage de Fontenaille en Brie et additionnées iusques au Roy Charles neufiesme (*sic*). *Paris, de l'imprimerie de Nicolas du Chemin*, 1566, 2 tomes en 1 vol. pet. in-fol. fig. sur bois, v.
ant. tr. r.

Exemplaire court de marges. Mouillure et petite piqûre de vers à la marge
inférieure.

315. Histoire de France, représentée par figures accompagnées de
discours, par l'abbé Guyot. *A Paris, chez David*, 1787 à 1796, 5 vol.
in-4. figures, grav. par David, veau ant. porph. filets, tr. dor.

Exemplaire en papier vélin, gravures au bistre.

316. HISTOIRE DE L'ANCIEN GOUVERNEMENT DE LA FRANCE, avec xiv lettres
historiques sur les parlemens ou Etats généraux, par feu M. le C. de
Boulainvilliers *A la Haye et à Amsterdam, aux dépens de la compa-*

gnic, 1727, 3 vol. -- Mémoires présentés à Monseigneur le duc d'Orléans, régent de France, contenant les moyens de rendre ce royaume très-puissant, et d'augmenter considérablement les revenus du roi et du peuple, par le C. de Boulainvilliers. *A la Haye et à Amsterdam, aux dépens de la Compagnie*, 1727, 2 tomes en 1 vol. Ensemble 5 tomes en 4 vol. in-8, mar. bleu, dos orné, fil dent. int. tr. dor. (*Anc. rel.*)

Bel exemplaire, grand de marges.

317. De l'État civil des personnes et de la condition des terres dans les Gaules, dès les temps celtiques jusqu'à la rédaction des coutumes, par C.-J. Perreciot. *A Paris, chez Dumoulin*, 1845, 3 vol. in-8, portrait, demi-rel. mar. bleu, jans. à nerfs, tête dor. ébarbé.

318. Recveil concernant les estats tenvs sovs plvsievrs roys de France. *A Paris, chez Martin Gobert*, 1614, pet. in-4, une grav. au trait, vél.

La planche qui se trouve dans cet exemplaire manque souvent.

319. Chronologie des Estats généraux, où le tiers estat est compris, depuis l'an 1615 iusques à 422 (*sic*), par M. Jean Savaron. *A Paris, chez Pierre Chevalier*, 1615, pet. in-8, v. f. fil. dent. int.

320. HISTOIRE DE LA MILICE FRANÇOISE et des changemens qui s'y sont faits depuis l'établissement de la monarchie françoise dans les Gaules jusqu'à la fin du règne de Louis le Grand, par le R. P. G. Daniel. *A Paris, chez Denys Mariette*, 1721, 2 vol. in-4, gravures, mar. r. dos orné, filets, dent. int. tr. dor. (*Rel. anc.*)

Exemplaire en grand papier. Aux armes de France.

321. Mémoire pour servir à l'histoire de la société polie en France, par P.-L. Rœderer. *Paris, Firmin Didot frères*, 1837, in-8, dos et coins de mar. la Vall. fil. tête dor. ébarbé.

322. Les Galanteries des rois de France, depuis le commencement de la monarchie. *Cologne, Pierre Marleau*, 3 vol. in-12, titre grav. front. et fig. demi-rel. mar. v. tête dor. non rog. (*Gruel.*)

Bel exemplaire.

323. HISTOIRE DE SAINT LOUIS, par Jehan, sire de Joinville. *Paris, Imprimerie royale*, 1761, in-fol. mar. r. fil. tr. dorée. (*Anc. rel. aux armes.*)

324. Œuvres de Jean sire de Joinville, comprenant : l'Histoire de saint Louis, le Credo et la lettre à Louis X, avec un texte rapproché du français moderne, mis en regard du texte original corrigé et complété par Natalis de Wailly. *Paris, chez Adrien le Clere et Cᵉ*, 1867, in-8, chromol. dos et coins de mar. la Vall. tête dor. ébarbé. (*David.*)

325. Jean sire de Joinville. Histoire de saint Louis, Credo et lettre à Louis X, texte original, accompagné d'une traduction par M. Natalis

de Wailly. *Paris, Firmin-Didot,* 1874, in-4, br. figures et fac-simile.

Avec l'analyse historique et littéraire par Marius Sepet.

326. Chronique et histoire composée par feu messire Philippes de Com-mines, seigneur d'Argenton, contenant les choses advenues durant le règne du roy Louis unzième. *Paris, Galliot du Pré,* 1525, in-8, réglé, demi-rel. r. tr. dor.

327. LE CABINET du roy Louis XI, contenant plusieurs fragmens, lettres missives et secrètes intrigues, recueillies de diverses archives et trésors (par T. l'Hermite de Soliers). *Paris, Quinet,* 1661, in-12, mar. r. fil. tr. dor. (*Anc. rel.*)

Rare et curieux.

328. Le Sacre et Coronement de la Royne, imprimé par le commande-ment du Roy nostre sire. *Paris, à l'enseigne du Pot cassé, par maistre Geoffroy Tory,* 1530, in-4, v. f. fil. tr. dorée.

Curieuse réimpression en fac-simile.

329. L'Ordre tenu et gardé en l'assemblée des trois estats à Blois. *Paris, Galliot du Pré,* 1558, in-12, v. brun.

330. Harengue faicte au nom de l'université de Paris, devant le roy Charles sixième. *Paris, Vincent Sertenas,* 1561. — Le Recueil de l'antique préexcellence de Gaule et des Gaulois, composé par Guil. le Rouille d'Alençon. *Paris, Chrestien Wechel,* 1551, 2 part. en un vol. in-12, vél.

331. LA SOMPTUEUSE ET MAGNIFIQUE ENTRÉE du très-chrestien roy Henry III roy de France et de Pologne en la cité de Mantoue, par Blaise de Vigenère. *Paris, Nicolas Chesneau,* 1576, in-4, mar. fil. (*Anc. rel.*)

Aux armes de J.-B. COLBERT.
Dans le même volume : De la Saincteté du roy Louis dict CLOVIS, par Jean Savaron. *Paris,* 1620. — Harengue prononcée devant le roy, à Bloys, par Pierre d'Epinac. *Paris,* 1577. — Panégyrique ou Remonstrances pour les sénéchal, juges, conseillers, avocats, etc., au présidial de Tholose, contre les notaires et secrétaires du roy de ladicte ville, par Beloy. *Paris,* 1582. — Discours du sieur de la Croix du Maine, faisant mention de ses œuvres et compositions pour la France, dédié à monseigneur le vicomte de Paumy. 1579.

332. La Légende de Charles, cardinal de Lorraine, et de ses frères de la maison de Guise. *Reims, Pierre Martin,* 1579, in-8, mar. vert, comp. tr. dorée. (*Anc. rel.*)

Exemplaire de Méon.

333. La Vie et faits notables de Henri de Valois. (*Paris*), 1589, pet. in-8, mar. bleu, fil. comp. tr. dorée. (*Lortic.*)

Figures sur bois curieuses.

334. LES HERMAPHRODITES, ou l'Ile des hermaphrodites ncuvellement descouverte, avec les mœurs, loix, coustumes et ordonnances des

habitans d'icelle (attribué à Artus Thomas, sieur d'Embry). *S. l. n. d.* (1605), pet. in-12, frontisp. maroq. olive, jans. (*Thibaron.*)

> Édition rare, non indiquée par Brunet. Sur le titre une figure gravée sur bois, où Henri III, *l'hermaphrodite*, est représenté avec une fraise et une coiffure de femme.

335. Le **Martyre** de frère Jacques Clément, contenant au vray toutes les particularités remarquables de sa saincte résolution et très-heureuse entreprise à l'encontre de Henri de Valois. *A Paris, chez Robert le Fizelier*, 1589, in-12, mar. r. fil. tr. dorée. (*Derome.*)

> Pièce rare, mais courte de marges.

336. Journal de Henri III, roy de France et de Pologne, ou Mémoires pour servir à l'histoire de France, par M. Pierre de l'Estoile. Nouvelle édition. *A la Haye, chez Pierre Gosse*, 1744, 5 vol. — Journal du règne de Henry IV, roi de France et de Navarre, par M. Pierre de l'Estoile, avec des remarques du chevalier C. B. A. *A la Haye, chez les frères Vaillant*, 1741, 4 vol. Ensemble 9 vol. in-8, portrait et gravures, mar. r. jans à nerfs, dent. int. tr. dor. (*Petit, successeur de Simier.*)

> Très-bel exemplaire, sans les cartons. Il n'y a pas de portraits au Journal d'Henri IV.

337. Journal inédit du règne de Henri IV, 1598-1602, par Pierre de l'Estoile, publié par E. Halphen. *Paris, chez Auguste Aubry*, 1862, in-8, demi-rel. mar. bleu, dos orné, fil. tête dor. ébarbé. (*Amand.*)

> Exemplaire en papier de Hollande.

338. Sermons de la simvlée conversion, et nvllité de la prétendve absolvtion de Henry de Bourbon, le dimenche 25 juillet, 1593, prononcez en l'église Saint-Merry à Paris, par Me Jean Bovcher. *Jouxte la copie imprimée à Paris, chez G. Chaudière*, 1594, in-8, vél.

339. Dialogue d'entre le maheustre et le manant, fig. sur bois, 1594, in-12, mar. brun, comp. tr. dorée. (*Cuzin.*)

> Joli exemplaire.

340. Dialogue en vers (contre Gabrielle d'Estrées). *S. l. n. d.*, in-8, demi-rel. v. f. tr. dor. (*Niedrée.*)

> Rare et violente satire en vers contre la favorite, au moment de sa mort.

341. Les Plaintes de la captive Caliston (la marquise de Verneuil) à l'invincible Aristarque (Henri IV), par de Coulomby de Caen (en vers). *S. l.*, 1605, in-12, demi-rel. v. br.

> Ce sont les plaintes que Henriette d'Entraigues, marquise de Verneuil, emprisonnée pour crime de trahison, adresse à Henri IV, naguère son royal amant. Henri IV pardonna. Cette pièce est fort rare.

342. La Sanglante Chemise de Henry le Grand. *S. l.*, 1615, in-8, mar.
r. fil. tr. dor.

> Pamphlet célèbre et cruel où la reine Marie de Médicis est accusée du meurtre
> de Henri IV. Une intéressante note manuscrite précède ce volume si rare qu'il a
> été réimprimé en 1800. (Voy. la *Correspondance littéraire*, 1861, p. 237, et le
> catal. Leber, IIᵉ vol. p. 266.)

343. Dialogue de trois vignerons du païs du Maine sur les misères de
ce temps, par Jean Sousnor, sieur de la Nichilière; seconde édition.
Rouen, David Ferrand, 1630, in-12, mar. citr. tr. dor. (*Anc. rel.*)

344. Mémoires contenant ce qui s'est passé en France de plus consi-
dérable depuis 1608 jusqu'à 1636. *Paris, Barbin,* 1685, in-12, v. f.
fil. tr. dor. (*Duru.*)

> Joli exemplaire de l'édition originale de ces mémoires attribués au duc d'Or-
> léans, frère de Louis XIII, à M. de Brèves son gouverneur, ou à Algay de
> Martignac.

345. Mémoires d'Estat, contenant les choses plus remarquables (*sic*)
arrivées sous la régence de la reyne Marie de Médicis et le règne de
Louis XIII (par le maréchal duc d'Estrées). *Paris, Barbin,* 1666, in-12,
v. f. fil. tr. dor. (*Duru.*)

> Joli exemplaire de l'édition originale de ces mémoires, dont le manuscrit existe
> à la Bibliothèque nationale.

346. Mémoires de M. D. L. R. sur les brigues à la mort de Louis XIII,
les guerres de Paris et la prison des princes, etc..... *Amsterdam,
chez Est. Roger,* 1710, 2 tom. en 1 vol. in-12, v. granit, fil.

> Aux armes de madame de Pompadour.

347. L'Histoire du cardinal duc de Richelieu, par Aubery. *Cologne,
P. Marteau (à la Sphère),* 1666, 2 vol. in-12, mar. r. fil. tr. dor. —
Mémoires pour l'histoire du cardinal duc de Richelieu, par Aubery.
Cologne, P. Marteau (à la Sphère), 1667, in-12, 5 tom. en 7 vol. mar.
r. fil. tr. dor.

> Très-bel exemplaire relié par du Seuil, aux armes de M. de Montaran.

348. Le Tableau de la Vie et du gouvernement de messieurs les cardi-
naux Richelieu et Mazarin et de monsieur Colbert, avec un recueil
d'épigrammes sur la vie et la mort de monsieur Fouquet. *A Cologne,
chez Pierre Marteau,* 1694, in-12, bas.

> Les armes du duc. de Richelieu sur les plats.

349. Le Vray et Novveav Estat de la France, comme elle est gouvernée
en cette présente année 1656, par le sievr dv Verdier, nouvelle
édition. *A Paris, chez Estienne Loyson,* 1656, in-12, vél.

350. Recueil de lettres qui peuvent servir à l'histoire, et diverses
poésies (par Alex. de Campion). *Rouen,* 1657, in-8, v. f. fil. tr. dor.
(*Niedrée.*)

> Exemplaire de Barbier, qui y a ajouté une curieuse note. On sait l'excessive
> rareté de ce recueil dédié à madame la comtesse de Fiesque, où est racontée
> l'histoire du comte de Soissons, avant la bataille de la Marfée.

351. Histoire du Traité de la paix conclue sur la frontière d'Espagne et de France, entre les deux couronnes, en l'an 1659. *A Cologne, Pierre de la Place*, 1665, in-12, mar. bleu, jans. tr. dor. (*Thibaron.*)

352. UsurPATION du règne de Louis XIV. *Cologne*, 1716, in-12, mar. v. fil. tr. dor. (*Derome.*)

> Exemplaire de Ch. Nodier. Pamphlet peu connu contre toutes les injustes guerres de Louis XIV.

353. Le Passetemps royal de Versailles, ou les Amours secrètes de madame de Maintenon sur de nouveaux mémoires très-curieux, revu et augmenté de plusieurs particularités, etc. *Cologne, P. Marteau*, 1712, in-12, frontispice gravé, mar. r. fil. dos orné, tr. dor. (*Kœhler.*)

> Joli exemplaire de Ch. Nodier.

354. MÉMOIRES COMPLETS ET AUTHENTIQUES DU DUC DE SAINT-SIMON sur le siècle de Louis XIV et la régence, collationnés sur le manuscrit original par M. Chéruel. *Paris, L. Hachette*, 1856-1858, 20 vol. in-8, demi-rel. avec coins mar. rouge, fleurons, filets, tête dor. non rog. (*Capé.*)

> Exemplaire en *grand papier vélin*.

355. LES HISTORIETTES DE TALLEMANT DES RÉAUX, troisième édition, entièrement revue sur le manuscrit original et disposée dans un nouvel ordre par MM. de Monmerqué et Paulin Paris. *Paris, J. Techener*, 1854, 9 vol. gr. in-8, demi-rel. dos et coins de mar. rouge, dos orné, fil. tête dor. non rog.

> Exemplaire en grand papier.

356. VIE PRIVÉE DE LOUIS XV (par Moufle d'Angerville). *Londres*, 1784, 4 vol. in-12, fig. mar. r. fil. tr. dor. (*Derome, signé.*)

> Bel exemplaire de Pixerécourt.

357. Mémoires secrets pour servir à l'histoire de Perse, avec des éclaircissements et une clef marginale plus complette et rectifiée par D. S. *Amsterd.*, 1763, in-8, mar. v. tr. dor. (*Rel. janséniste Duru.*)

> Très-bel exemplaire aux armes et au chiffre du marquis de Coislin.

358. L'État de la France. Des Qualités et prérogatives du roi, généalogie abrégée de la maison royale, du clergé, de la cour, etc..... (par Bar, Jalabert et Pradier). *A Paris, chez David père*, 1749, 6 vol. in-12, blasons, mar. r. dos orné, fil. tr. dor. (*Anc. rel.*)

> Bel exemplaire, aux armes de la comtesse d'Artois.

359. Mémoires de madame la marquise de Pompadour. *Liége*, 1766, 2 tom. en 1 vol. in-12, mar. v. fil. tr. dor.

> Très-belle reliure de Derome.

360. Le Gazetier cuirassé, ou Anecdotes scandaleuses de la Cour de France (par Thévenot de Morande). *Imprimé à cent lieues de la Bas-*

tille, à l'enseigne de la liberté, 1771, in-8, mar. v. fil. tr. dor. fig.
(*Derome.*)

361. ALMANACH historique de la Révolution française pour l'année
1792, rédigé par M. J.-P. Rabaut. In-12, grav. d'après Moreau, mar.
r. fil. dos orné, tr. dor. (*Rel. anc.*)

> Bel exemplaire avec les fig. de Moreau *avant la lettre.*

362. Revue rétrospective, ou Archives secrètes du dernier gouvernement, publiées par J. Taschereau. *Paris, Paulin,* 1848, 33 numéros
en 1 vol. in-4, demi-rel. avec coins de mar. r. tr. peign.

IV. HISTOIRE DE PARIS ET DES VILLES DE FRANCE.

363. LA GUIDE DES CHEMINS de France. *A Paris, chez Charles Estienne,
imprimeur du roy,* 1552, in-8, mar. r. dos orné, dent. int. tr. dor.
(*Trautz-Bauzonnet.*)

> Superbe exemplaire.

364. Plans de Paris. *Paris,* 1705, in-fol. demi-rel. chagr. noir.

> Recueil de 10 plans de Paris à différentes époques, extraits du *Traité de la
> police* de M. de la Mare.

364 *bis.* LA GUIDE DE PARIS, contenant le nom et l'adresse de tovtes les
ruës de ladite ville et faux-bourgs, ensemble les places, ponts,
portes, églises, etc....., par le sieur Dechvyes. *A Paris, chez Jean
Brunet, s. d.* (1647), in-8, mar. r. dos orné, trois fil. dent. int. tr. dor.
(*Masson-Debonnelle.*)

> Très-bel exemplaire de ce petit ouvrage rare.

365. HISTOIRE ET RECHERCHES DES ANTIQUITÉS DE LA VILLE DE PARIS, par
M. Henri Sauval, avocat au Parlement. *A Paris, chez Charles Mouette
et Jacques Chardon,* 1724, 3 vol. in-fol. vél. tr. rouges. (*Reliure
moderne.*)

> Bel exemplaire en grand papier. Les amours des rois de France se trouvent au
> tome III, page 256.

366. LE RECUEIL des inscriptions, figures, devises et mascarades or-
données en l'hostel-de-ville à Paris, le 17 février 1558, par Estienne
Jodelle. *Paris, André Wechel,* 1558, in-4, v. gr. (*Anc. rel.*)

367. Éloges et Discours sur la triomphante réception du roy en sa
ville de Paris, après la réduction de la Rochelle, accompagnée des
figures des arcs de triomphe. *Paris, Pierre Rocolet,* 1629, in-fol.
vélin.

> La belle planche des échevins d'Abraham Bosse s'y trouve.

368. Journal d'un voyage à Paris en 1657-1658 (par MM. de Villiers),
publiée par A.-P. Faugère. *Paris, Benjamin Duprat,* 1862, in-8, demi-
rel. mar. r. tr. peigne.

369. Séjour de Paris, c'est-à-dire instructions fidèles pour les voiageurs
de condition, comment ils se doivent conduire, s'ils veulent faire un
bon usage de leur temps et argent, durant leur séjour à Paris, etc...
par le sieur J.-C. Nemeitz. *A Leide, chez Jean van Abcoude*, 1727,
2 tom. en 1 vol. in-8, plan et gravures, mar. brun, dos orné, fil. à
comp. dent. int. tr. dor. sur marbr. (*Masson-Debonnelle.*)

> Bel exemplaire de cet ouvrage curieux.

370. Du Grand et loyal Devoir, fidélité et obéissance de messieurs de
Paris envers le roy et la couronne de France, adressée à messieurs
Claude Guyot, Jean Lesueur, Pierre Prevost, Jehan Sanguin et Jehan
Méraut. 1565, in-12, mar. r. fil. tr. dor. (*Anc. rel.*)

> Exemplaire de Guyon de Sardière, avec sa signature sur le titre.

371. GOUVERNEURS, lieutenans de roy, prévôts des marchands, éche-
vins, procureurs, avocats du roy, greffiers, receveurs, conseillers et
quartiniers de la ville de Paris, gravés par Beaumont. *S. l. n. d.*,
in-fol. 117 pl. mar. r. dos orné, large et riche dent. tr. dor. (*Anc. rel.*)

> Armes et fleurs de lis sur les plats.

372. Premiers Présidents et autres présidents de la Chambre des
comptes, suivant l'ordre de leurs réceptions, à commencer avant
1316 jusqu'à présent. *S. l. n. d.*, 2 vol. in-fol. manuscrits, v. ant.
marbré.

> Manuscrit d'une bonne écriture du dix-huitième siècle. Le premier volume a
> 799 pp., et le second 955. Important recueil qui a été exécuté vers 1765. Il ren-
> ferme, depuis la création du Parlement comme cours de justice, jusqu'en 1764,
> la liste de tous les membres et officiers du Parlement de Paris : présidents et
> conseillers, avocats généraux, procureurs généraux, substituts, secrétaires,
> notaires et protonotaires, premiers huissiers, concierges et baillis du palais. Ils
> sont rangés dans l'ordre alphabétique, et on trouve, pour chacun des personnages
> cités, ses noms, prénoms et qualités, la chronologie des divers emplois qu'il a
> exercés, ses alliances, la date de sa mort, ses armoiries, etc.

373. Catalogue des officiers du Parlement de Paris. *S. l. n. d.* 2 vol.
in-fol. manuscrits, v. ant. marbr.

> Manuscrit d'une bonne écriture du dix-huitième siècle. Ce curieux recueil
> renferme les noms de tous les magistrats et officiers de la Chambre des comptes
> de Paris, avec la date de l'entrée en charge de chacun, depuis la création des
> différents offices jusqu'au milieu du dix-huitième siècle. Ils sont rangés dans
> l'ordre chronologique, et on trouve à la fin de chaque volume une table alpha-
> bétique des noms qui y sont contenus. Le premier volume renferme : les premiers
> présidents et autres présidents, les maîtres des comptes, les clercs extraordi-
> naires et correcteurs des comptes. Le second volume contient : les clercs et
> auditeurs des comptes, les gens du roi (avocats généraux, procureurs généraux
> et substituts), les greffiers en chef, les commis du greffe, les receveurs et con-
> trôleurs des rentes, les gardes des livres de la Chambre des comptes, les commis
> à la recette des menues nécessités et amendes, les commis à la recette des épices
> et autres droits appartenant aux officiers de la Chambre des comptes, les payeurs
> et contrôleurs des gages, les contrôleurs du greffe, les premiers huissiers et
> huissiers, les procureurs.

374. LES ADRESSES DE LA VILLE DE PARIS, avec le trésor des alma-
nachs, livre commode en tous lieux, en tous temps et en toutes con-

ditions, par Abraham du Pradel. *A Paris, chez la veuve de Denis
Nion*, 1691, pet. in-8, mar. r. dos orné, fil. à comp. dent. int. tr. dor.
(*Masson-Debonnelle.*)

Bel exemplaire de la première édition de cet ouvrage rare et recherché. Ce
livre, le plus ancien de ce genre que l'on connaisse, renferme une foule de ren-
seignements très-curieux.

375. STATUTS ET RÉGLEMENS DES PETITES ÉCOLES DE GRAMMAIRE DE LA
VILLE DE PARIS, avec quelques arrests de la cour de Parlement, touchant lesdites écoles..... imprimé par l'ordre de messire Claude
Joly, et par les soins de messire Martin Sonnet. *A Paris*, 1672, pet.
in-12, mar. r. jans. à nerfs, dent. int. tr. dor. (*Trautz-Bauzonnet.*)

Très-bel exemplaire de ce petit volume rare.

376. ESTAT AV VRAY DV BIEN ET REVENV DE L'HOSTEL-DIEV DE PARIS, et
de sa dépense iournalière, povr faire connoistre au public les vrayes
necessitez des pauures malades..... *A Paris*, 1651, pet. in-fol. vél. fil.

Exemplaire dans sa première reliure de ce livre curieux et peu commun.

377. L'Hospital général de Paris. *A Paris, chez François Muguet*, 1676,
123 pages. — (A la suite :) Déclaration du roy du 23 mars 1680, portant règlement pour l'hôpital général. *S. l. n. d.* 7 p. — Déclaration
dv roy du 23 mars 1680 portant union de l'administration des biens
de l'hôpital du Saint-Esprit à celle de l'hôpital général de Paris.
S. l. n. d., 4 p. — Règlemens que le roy veut estre exécutez dans
l'hôpital général de Paris pour la correction des enfans de famille,
et pour la punition des femmes débauchées. *A Paris, chez François
Muguet*, 1684, 8 p. — Déclaration du roy concernant l'ordre des hos-
teliers publics, et la punition des mendiants valides et fainéants. *A
Paris, chez François Muguet*, 1685, 8 p. — Extrait des registres de
Parlement, etc. *A Paris, chez François Muguet*, 1695, 3 p. 6 part. en
1 vol. in-4, bas.

378. Histoire archéologique, descriptive et graphique de la Sainte-
Chapelle du Palais, par MM. Decloux et Doury. *Paris, A. Morel*, 1865,
in-fol. 24 pl. noires et en chromo, demi-rel. chagr. r. dos orné, tête
dor. ébarbé.

379. LE PALAIS MAZARIN et les grandes habitations de ville et de
campagne au dix-septième siècle, par le comte de Laborde. *Paris,
A. Franck*, 1846, in-4, fig. demi-rel. avec coins, mar. vert, fleurons,
fil. tête dor. non rog.

Très-rare.

380. Le Palais du Luxembourg fondé par Marie de Médicis régente.
Origine et description de cet édifice, depuis sa fondation en 1615
jusqu'en 1845, par Alphonse de Gisors. *Paris, typographie de Plon
frères*, 1847, in-4, avec pl. demi-rel. chagr. noir, plats, pap. chagr.
ébarbé.

381. LES PROMENADES DE PARIS. Histoire. Description des embellis-
sements. Dépenses de création et d'entretien des bois de Boulogne et
de Vincennes, etc., par A. Alphand. *Paris, J. Rothschild*, 1867-1873,
1 vol. de texte avec gravures, et 1 vol. de pl. noires et chromol.
Ensemble 2 vol. in-fol. demi-rel. chagr. r. plats toile, tête dor.
ébarbé.

    Exemplaire en grand papier.

382. Le Bois de Boulogne architectural, choix de constructions élevées
dans son enceinte, sous la direction de M. Alphand, par M. Davioud.
Deuxième édition. *Paris, A. Lévy*, 1875, pet. in-fol. avec pl. demi-rel.
chagr. r. plats toile, filets, tr. dor.

383. Observations sur les courses du Champ-de-Mars et sur le règlement de 1822, par A. Séguin. *Paris*, 1822, in-8, mar. r. fil. tr. dor.
(*Simier*.)

    Aux armes de la reine Marie-Amélie, alors duchesse d'Orléans.

384. Recueil des antiquitez et singularitez de la ville de Rouen, par
Taillepied. *Rouen, Martin le Mégissier*, 1601, pet. in-42, mar. r. fil.
tr. dor. (*Lortic*.)

    Avec une ancienne vue de la ville, gravée sur bois. Rare volume.

385. MÉMOIRES pour servir à l'histoire de Charles II, roi de Navarre et
comte d'Évreux, surnommé le Mauvais, par feu M. Secousse. *A Paris,
chez Durand*, 1755 à 1758, 2 vol. in-4, mar. r. jans. à nerfs, dent.
int. tr. dor. sur marbr. (*Capé*.)

    Très-bel exemplaire de cet ouvrage recherché et peu commun. Nombreux
témoins.

386. Château de Mello (*Marlou*). Chronologie des seigneurs qui l'ont
possédé du xie au xixe siècle. *Paris*, 1842, in-4 et atlas, in-fol. 2 vol.
pap. vél. fig. demi-rel. v. r.

387. Traité historique de la mouvance de Bretagne, dans lequel on
justifie que cette province a toujours relevé de la couronne de
France (par l'abbé de Vertot). *Paris, Cot*, 1710, in-12, mar. r. fil.
tr. dor. (*Anc. rel.*)

    Aux armes de Cartigny.

388. L'ANCIEN BOURBONNAIS, histoire, monuments, mœurs, statis-
tique, par H. Allier; dessins par Chenavard et Dufour. *Moulins, Des-
rosiers*, 1833-37, in-fol. fig. 3 vol. dont 1 de planches, dos et coins
de mar. bl.

389. Histoire des ducs de Bourgogne de la maison de Valois, 1364-
1477, par M. de Barante. Cinquième édition. *Paris, Duféy*, 1837 à
1838, 12 vol. in-8, cartes et grav. sur chine, demi-rel. v. brun, tête
dor. ébarbé.

390. Remonstrances faictes au Roy par les députés des trois estats du duché de Bourgogne, sur l'édict de la pacification des troubles du royaume de France. *Anvers, Sylvius*, 1564, in-12, vél.

> Pièce historique rare.

391. Le Siége de la ville de Dole, capitale de la Franche-Comté de Bourgogne, et son heureuse délivrance, racontés par Jean Boyvin. *A Dole, Binart*, 1637. — Lettre de Louis Petrey, sieur de Champvans, à J.-B. Petrey, sieur de Chemin, son fils, 1637. — 2 pièces en 1 vol. in-4, vél.

392. Labyrinthe royal de l'Hercule gaulois triomphant (pour l'entrée de Henri IV), représenté en la cité d'Avignon, le 19 novembre, 1600. *Chez Jaques Bramereau, imprimeur en Avignon*, in-fol. figures, vél. tr. dor.

> Sans les portraits.

V. HISTOIRE ÉTRANGÈRE.

393. Rome, description et souvenirs, par Francis Wey. *Paris, Hachette*, 1872, in-4, fig. demi-rel. mar. r.

> Figures sur bois d'après les dessins d'Henri Regnault, Français, etc.

394. Histoire d'Olivier Cromwell. *Paris, Barbin*, 1691, portr. in-4, mar. citron, dent. tr. dor. (*Anc. rel.*)

395. Histoire d'Angleterre, par M. Hume, traduite de l'anglois par Mme B*** (Belot) et l'abbé Prévost. *A Londres, et se trouve à Paris, chez la veuve Desaint*, 1783, 6 vol. in-4, portr. bas.

> Quelques portraits sont détachés.

396. Histoire d'Angleterre, représentée par figures accompagnées d'un précis historique. *A Paris, chez David*, 1784, 2 vol. in-4, grav. par David, bas.

397. Histoire de Genève, par M. Spon. *A Genève, chez Fabri et Barillot*, 1730, 2 vol. in-4. grav. et cartes, v. ant. gran.

398. Johannis Smith Oppidum Batavorum, seu Noviomagum (Nimègue), liber singularis. *Amstelodami, Johan. Blaeu*, 1645, in-4, mar. r. fil. tr. dor. (*Boyet.*)

> Aux armes du prince Eugène de Savoie.

399. Lud. Guicciardini Belgium universum, seu omnium inferioris Germaniæ regionum accurata Descriptio. *Amstelodami, apud Joannem Janssonium*, 1646, pet. in-fol. front. cartes et plans, v, ant.

400. Histoire de l'état présent de l'empire Ottoman, trad. de l'anglois de Ricaut, par Briot. *Amsterdam, Wolfganck*, 1670, in-12, fig. mar. r. fil. tr. dor. (*Anc. rel.*)

401. LA GRANDE ET MERVEILLEUSE et très-cruelle Oppugnation de la noble cité de Rhodes, prise naguère par le sultan Soliman, rédigée par noble chevalier frère Jacques, bastard de Bourbon. *Imprimé en 1527*, in-4, mar. brun, ornem. à froid, tr. dor. (*Thibaron.*)

Volume rare.

VI. BIOGRAPHIE. — HISTOIRE DE LA NOBLESSE.

402. Bayle. Dictionnaire historique et critique. *Paris, Desoer*, 1820, 16 vol. in-8, demi-rel.

403. Mémoires sur l'ancienne chevalerie, par La Curne de Sainte-Palaye. Nouvelle édition. *Paris, Girard*, 1826, 2 vol. in-8, 2 pl. color. dos et coins de mar. r. plats toile, tète dor. ébarbé.

Armes sur les plats.

404. Le Blason des couleurs en armes, livrées et devises (par Sicile). *Paris, Antoine Houic*, 1582, in-12, v. granit. fil. tr. dor. (*Anc. rel.*)

405. HISTOIRE GÉNÉALOGIQUE et chronologique de la Maison royale de France, des Pairs, grands officiers de la Couronne et de la Maison du Roy, etc., par le Père Anselme, continuée par M. du Fourny. *A Paris, par la Compagnie des libraires*, 1726-1733, 9 vol. in-fol. front. gr. v. marbr.

Bel exemplaire en *grand papier*, aux armes et initiales du *marquis de Mirabeau.*

406. ARMORIAL des principales maisons et familles du royaume, particulièrement de celles de l'Isle-de-France, par M. Dubuisson, ouvrage enrichi de près de 4,000 écussons. *A Paris, chez Guérin et Delatour*, 1757, 2 vol. in-12, fig. mar. r. dos orné, fil. dent. int. tr. dor. (*Lortic.*)

Exemplaire lavé et encollé.

407. Indicateur nobiliaire, ou Table alphabétique des noms des familles nobles, susceptibles d'ètre enregistrées dans l'armorial général de feu M. d'Hozier. *A Paris, de l'imprimerie de Doublet*, 1818, in-8, demi-rel. mar. bleu, dos orné, tète dor. ébarbé.

408. HISTOIRE GÉNÉALOGIQUE de la Maison de Montmorency et de Laval, par André du Chesne. *Paris, S. Cramoisy*, 1624, in-fol. fig. mar. r. fil. tr. dor.

Belle reliure espagnole, aux armes du duc d'Ossuna. Dernières pages tachées ; le reste en très-bel état.

409. Histoire de la Maison de Rochechouart, par le général comte de Rochechouart. *Paris, 1859*, 2 tomes en 1 vol. gr. in-4, demi-rel. mar. v. *13 pl. portraits et blasons coloriés.*

Rare. Cette intéressante histoire généalogique n'a pas été mise dans le commerce.

410. Catalogue des noms, svrnoms, faits et vies des connestables, chanceliers, grands maistres, etc. Composé et mis en lumière par Jean le Fréron. *A Paris, par Fréd. Morel,* 1598, in-fol. fig. v. ant.
Reliure très-fatiguée. Quelques-unes des figures sont coloriées.

411. Collectanea genealogico-historica, ex archivo inclytorum Austriæ inferioris statuum. *Viennæ Austriæ, sumptibus J. B. Schönwetter,* 1705, in-fol. planches, dos et coins de vél.

412. A Display of heraldry : manifesting a more easie access to the knowledge thereof then hath hitherto been published by any, through the benefit of method wherein it is now reduced by John Guillim. *London, printed for Richard Blome,* 1664, in-4, fig. col. réglé, v. ant.
Exemplaire court de marges.

VII. BIBLIOGRAPHIE.

413. La Bibliothèque françoise de Sorel. *Paris,* 1664, in-12, v. f. (*Aux armes.*)

414. MANUEL DU LIBRAIRE et de l'amateur de livres, par Jacques-Charles Brunet. *Paris, Firmin Didot frères, fils et C*, 1860 à 1865, 6 vol. in-8, dos et coins de mar. vert, tête dorée, ébarbé.

415. Les Supercheries littéraires dévoilées, par J.-M. Quérard. Seconde édition, augmentée par MM. Gustave Brunet et Pierre Jannet. *Paris, Paul Daffis,* 1869 à 1871, 3 vol. en 6 parties, in-8, br. non coupé. — Dictionnaire des ouvrages anonymes par Ant.-Alex. Barbier, troisième édition, revue et augmentée par MM. Olivier Barbier, René et Paul Billard, tome I à tome III. 1re partie. *Paris, Paul Daffis,* 1872 à 1875, 5 parties in-8, br. non coupé.

416. Auteurs déguisés sous des noms étrangers, empruntés, supposés, feints à plaisir, chiffrés, renversés, retournés ou changés d'une langue en une autre. *Paris, Dezallier,* 1690, in-12, mar. r. comp. à la du Seuil, tr. dor. (*Anc. rel.*)

417. Catalogue de la bibliothèque de M. Félix Solar. *Paris, Techener,* 1860. — Catalogue de la bibliothèque de feu M. le comte H. de la Bédoyère. *Paris, L. Potier,* 1862. — Catalogue de la bibliothèque de M. Armand Bertin. *Paris, Techener,* 1854. — Catalogue de la bibliothèque de M. Léopold Double. *Paris, Techener,* 1863. — Description des livres composant la librairie J. Techener. *A Paris,* 1855, 2 vol. — Catalogue de la bibliothèque de M. Ch. Gh*** (Giraud). *Paris, chez L. Potier,* 1855. Ens. 8 vol. in-8, demi-rel. mar. ou v.

418. Cazin. Sa Vie et ses éditions, par un cazinophile. *Cazinopolis (Reims),* 1863, pet. in-12, br. (*Rare.*)
Prix manuscrits.

SUPPLÉMENT.

419. Histoire du droit romain au moyen âge, par M. de Savigny, traduite de l'allemand et précédée d'une notice sur l'auteur par Charles Guenoux. *Paris, chez Charles Hingray*, 1839, 4 tom. en 3 vol. in-8, demi-rel. mar. r. tête dor. ébarbé.

420. Entretiens sur la pluralité des mondes, par Fontenelle; précédés de l'Astronomie des dames par J. de Lalande. *A Paris, chez Janet et Cotelle*, 1820, in-8, planches, mar. vert, dos orné, fil. à comp. tr. dor. (*Simier.*)

    Exemplaire en grand papier vélin.

421. Chefs-d'œuvre littéraires de Buffon, avec une introduction par M. Flourens. *Paris, Garnier frères*, 1864. — (A la suite :) Buffon écrivain, à M. Désiré Nisard, par M. Damas-Hinard. *Paris, Auguste Durand*, 1864 (broch. de 23 p.), 2 vol. in-8, portr. dos et coins de mar. v. tête dor. ébarbé. (*David.*)

422. Dictionnaire général et grammatical des dictionnaires français, par Napoléon Landais. *Paris, Didier*, 1857, 3 vol in-4, texte à 3 col. demi-rel. mar. viol. tr. jasp.

423. Dictionnaire comique, satirique, critique, burlesque, libre et proverbial, par P.-J. Leroux. *A Pampelune*, 1786, 2 vol. in-8, demirel. v. fauve, non rog.

424. Œuvres de C. Sollius Apollinaris Sidonius, traduites en français avec le texte en regard et des notes, par J.-F. Grégoire et F.-H. Collombet. *A Lyon, chez M.-P. Rusand*, 1836, 3 vol. in-8, demi-rel. v. f.

425. Phèdre et Hippolyte, tragédie par M. Pradon. *Paris, J. Ribou*, 1677, in-12, vél.

    Édition originale.

426. Contes d'Espagne et d'Italie, par M. Alfred de Musset. *Paris, A. Levavasseur*, 1830, pet. in-8. dos et coins de v. f. dos orné, fil. tête dor. non rog.

    Édition originale.

427. La Confession d'un enfant du siècle, par Alfred de Musset. *Paris, Félix Bonnaire*, 1836, 2 vol. in-8, demi-rel. v. br.

    Édition originale, avec envoi autographe de l'auteur.

428. Les Deux Maitresses, par Alfred de Musset. *Paris, Dumont*, 1840, 2 vol. in-8, demi-rel. v. r. tr. marbr.

    Édition originale, avec envoi autographe de l'auteur.

429. Bibliothèque elzévirienne. *Paris, Janet et A. Franck,* 1855 à 1868,
13 vol. pet. in-8, cart. toile r. non rog.

 Ronsard, 7 vol. — Histoire amoureuse des Gaules, 3 vol. — Saint-Amant, 2 vol.
 — La Famille de Ronsart, 1 vol.

430. Mémoires de Tavannes et de Balthazar. — Furetière, roman
bourgeois. — Mémoires de Campion. — Aventures du baron de
Fœneste. — Mémoires de Mme de Courcelles. — Mémoires de Mme de
la Guette. — Jean d'Arras. Mélusine. — Œuvres de Chapelle et de
Bachaumont. — Scarron. Le Roman comique, 2 vol. — Œuvres de
Saint-Amant, 2 vol. — Jehan de Paris. Les Cent Nouvelles nouvelles.
Paris, Jannet, Pagnerre et P. Daffis; ens. 15 vol. in-12, cart. percal.
rouge, non rog.

431. Histoire des grands chemins de l'Empire romain, par Nicolas
Bergier, avocat au siége présidial de Reims. *A Bruxelles, chez Jean
Léonard,* 1736, 2 vol. in-4, front. gr. portr. et cartes, v. ant.
marbré.

432. Le Tour du monde, publié par Ed. Charton, année 1873. En 2 vol.
in-4, en livraisons.

433. Voyage aux grands lacs de l'Afrique orientale, par le capitaine
Burton ; ouvrage traduit de l'anglais par Mme H. Loreau, et illustré
de trois vignettes. *Paris, L. Hachette,* 1862, gr. in-8, br.

434. Les Césars, par le comte Franz de Champagny. *Paris, Olivier
Fulgence,* 1841 à 1843, 4 tom. en 2 vol. demi-rel. v. brun.

435. Histoire du drapeau, des couleurs et des insignes de la monarchie
française, précédée de l'histoire des enseignes militaires chez les
anciens, par M. Rey. *A Paris, chez Techener,* 1837, 2 vol. in-8, 24 pl.
demi-rel. mar. bleu, tête dor. éb.

436. Société de l'Histoire de France. *A Paris, chez Mme veuve Jules
Renouard,* 1864 à 1873, 15 vol. in-8, br.

 Commentaires et lettres de Blaise de Monluc, maréchal de France; édition
 revue et publiée par A. de Ruble, 5 vol. — Œuvres complètes de Brantôme,
 publiées par Ludovic Lalanne, 6 vol. — Mémoires de Bassompierre, publiés par
 le marquis de Chantérac, 2 vol. — Chroniques de J. Froissart, publiées par
 Siméon Luce, t. IV, 1 vol. — Histoire de Béarn et Navarre, par Nicolas de Bor-
 denave (1517 à 1572), publiée par Paul Raymond, 1 vol.

437. Recueil général des États tenus en France sous les rois Charles VI,
Charles VIII, Charles IX, Henri III et Louis XIII. *A Paris,* 1651, in-4,
v. ant.

438. Mémoires de Condé, ou Recueil pour servir à l'histoire de France,
contenant ce qui s'est passé de plus mémorable dans le royaume
sous le règne de François II et sous une partie de celui de Charles IX.
A Londres, 1743, 6 vol. — Supplément aux mémoires de Condé
contenant l'Anti-Cotton, précédé d'une dissertation historique et
critique sur ce fameux ouvrage et l'assassinat du roy, 1744. Ens.
7 vol. in-4, v. f. ant.

439. Mémoires de la Ligue, contenant les événements les plus remarquables depuis 1576 jusqu'à la paix accordée entre le roi de France et le roi d'Espagne en 1598. *Amsterdam*, 1758, 6 vol. in-4, v. ant. marbré.

440. Satyre Ménippée, de la vertu du Catholicon d'Espagne, et de la tenue des états de Paris. *A Ratisbonne, chez les héritiers de Mathias Kerner*, 1709, 3 vol. in-8, front. et grav. v. ant. tr. r.

441. Mémoires de Louis XIV pour l'instruction du Dauphin; première édition complète, avec une étude, des notes et des éclaircissements par Charles Dreyss. *Paris, Didier et Cie*, 1860, 2 vol. in-8, dos et coins de mar. r. dos orné à mosaïques bleues, fil. tête dor. ébarbé.

442. Journal d'Olivier Lefèvre d'Ormesson et extraits des mémoires d'André Lefèvre d'Ormesson, publiés par M. Chéruel. *Paris, Imprimerie impériale*, 1860 à 1861, 2 vol. in-4, demi-rel. chag. bleu, tête peigne, ébarbé.

443. Histoire générale de Paris. Le Bassin parisien aux âges antéhistoriques, par E. Belgrand, texte et planches, 2 vol. Planches de géologie et de conchyliologie, 1 vol. *Paris, Imprimerie impériale*, 1869, ens. 3 vol. in-4, cart.

444. Paris au xve siècle. — La Ruelle mal assortie. — La Journée des madrigaux. — Chants historiques et populaires. — Les Loix de la galanterie. *A Paris, chez Aug. Aubry*, 1855, 5 vol. in-12, demi-rel. et cart.

De la collection du Trésor des pièces rares ou inédites.

445. Histoire de Théodoric le Grand, roi d'Italie, précédée d'une revue préliminaire de ses auteurs, par L.-M. du Roure. *Paris, chez Techener*, 1846, 2 vol. in-8, br.

Exemplaire en grand papier.

446. Dictionnaire des antiquités romaines et grecques, accompagné de 2000 gravures d'après l'antique, par Antony Rich, traduit de l'anglais sous la direction de M. Chéruel. *Paris, Firmin Didot*, 1859, in-8, demi-rel. mar. brun, fleurons, tr. peigne.

447. Le Palais de Scaurus, ou Description d'une maison romaine, fragment d'un voyage fait à Rome, vers la fin de la République, par Mérovir, prince des Suèves (par Mazois), seconde édition. *A Paris, de l'imprimerie de F. Didot*, 1822, in-8, avec pl. dos et coins de mar. r. ébarbé.

448. MANUEL DU LIBRAIRE et de l'amateur de livres, par Jacques-Charles Brunet, cinquième édition. *Paris, Firmin-Didot, frères, fils et Cie*, 1860 à 1865, tom. I à V, 5 vol. en 10 part. in-8, br.

Manque le tome VI : table.

Paris. — Typographie Georges Chamerot, rue des Saints-Pères, 19.

www.ingramcontent.com/pod-product-compliance
Ingram Content Group UK Ltd.
Pitfield, Milton Keynes, MK11 3LW, UK
UKHW022135170726
13837UKWH00004B/1584